चौबीस दरवाज़े

सुख़न के सुब्हो शाम

नेहा त्यागी

ये किताब

- उनके नाम, जिन्होंने मुझ से ज़्यादा मुझ पर भरोसा रखा।
- उनके नाम, जिनका साथ होना ही मेरे होने के सफ़र में ज़रूरी रहा।

परिचय

नेहा त्यागी का जन्म ख़ूबसूरत ताजमहल के शहर, आगरा में हुआ। ये बचपन से ही कहानियों की शौकीन रहीं और किस्से, कविताएँ लिखती रहीं। इसी रुझान के चलते कंम्पूटर में बैचलर्स के काफ़ी वक़्त बाद इन्होंने अंग्रेजी लिटरेचर में मास्टर्स किया। अबतक इनके दो काव्य संग्रह- "मैं वो हर्फ़ नहीं!"(2019) और "रंग-ए-निहाँ"(2020) प्रकाशित हो चुके हैं।

काव्य/सुख़न इनके लिए ज़िंदगी को जीने का एक तरीका है। ये ख़ुद से किया एक वादा, एक commitment है, जिससे पीछे हटने के बारे में ये कभी सोच ही ना सकीं। काव्य, इनके लिए एक ऐसी ज़रूरत है, जो साँस की तरह पास है, साथ है। काव्य, इनके लिए एक ऐसी ज़बान भी है जिससे उन बातों को भी शब्द मिल जाते हैं जो अमूमन कही नहीं जातीं।

चौबीस दरवाज़े

मेरे ख़्वाबों के दरवाज़ों में इतने ख़्वाब बैठे हैं

के जैसे नींद का सामान हैं चौबीस दरवाज़े..

एक पूरे दिन में कितने इमकानात, कितनी संभावनाएं हैं। एक
पूरे दिन में कितने एहसासात, कितनी गुंजाइशें, कितने डर हैं।
और कितनी उम्मीदें, कितनी मुश्किलें और कितने हल हैं।

चौबीस दरवाज़े वो चौबीस घंटे हैं, जिनमें एक इंसान हर लम्हा
डूबता है,उबरता है। समुंदर के बीचों-बीच एक कश्ती की तरह
कभी लहरों पर उछलता है, तो कभी संजीदगी से, ख़ामोशी से,
ख़ुद को तलातुम/तूफ़ान के हवाले कर देता है, कुछ यूँ के-

लो कर तो दिया ख़ुद को तलातुम के हवाले
अब चाहें डुबाए या तो बाहर को उछाले

बे-ख़ौफ़ हुआ जबसे, नज़ाकत से डरा गुल
इस बात का डर है कोई डर मार न डाले..

इन्हीं दरवाज़ों के अंदर कुछ वक़्फ़े/pauses हैं। वक़्फ़े ,ठहराव,
विराम या जो भी कहें, वो अंतराल है, जो उन लम्हों मे
गुज़रता है जब आप चुप रहकर भी बहुत कुछ कह जाते हैं।
जब आप अपने आस-पास या फिर दुनिया में बहुत कुछ
देखकर, सुनकर भी, अपने एहसासात को समझाए जाने वाले

अल्फ़ाज़ नहीं दे पाते। अस्ल गुफ़्तगू तो वही है क्यूंकि बाज़ दफ़ा बातों से मन को ज़ाहिर करना, लगभग नामुमकिन सा हो जाता है, और लिखने वाला या तो चुप रहना चुनता है या लिख देना। मैंने लिखना चुना-

इन्हें ज़ाया न करना गुफ़्तगू में
कि ये वक़्फ़े बहुत कुछ बोलते हैं..

ख़यालों के इस पेचीदा सफ़र में साथ चलनेवालों का ख़ैर-मक़दम है।

-नेहा त्यागी

1

सह्र-ओ-दरिया से बोलने वाले
दश्त में पेड़ कुछ मेरे वाले

साँस भरना भी सीख लेते हैं
गहरे पानी में बैठने वाले

नींद में दो जगह पे होते हैं
ख़्वाब में ख़्वाब देखने वाले

हम से उम्मीद बांध लेते है
ख़ुद से उम्मीद छोड़ने वाले

रूह-ए-तस्वीर से नहीं वाकिफ़
रंग-ए-तस्वीर देखने वाले

सह्र-ओ-दरिया- रेगिस्तान और समुंदर
दश्त- जंगल

2

देख लो ये चाँद आज छोटे ख़्वाब सा नहीं
ऊँघते से आसमाँ पे ख़्वाब दौड़ता नहीं

तेरी आँख से गिरा वो एक आँसू चुभ गया
इस तरह से कोई काँटा आज तक लगा नहीं

इश्क़ में हर एक साँस माँगती है आशना
गर नहीं तो इश्क़ ने है साँस को छुआ नहीं

काग़ज़ों पे टूटकर बिखर रहे थे कुछ हुरूफ़
दाग लग रहे थे बस कि जैसे कुछ लिखा नहीं

जानती हूँ मैं वक़ार से मरी मगर सुनो
तर्बियत ने वो किया था मैंने जो किया नहीं

आशना- प्रेमी

हुरूफ़- शब्द

वक़ार- गरिमा

तर्बियत- परवरिश

3

बात का लहजा शहद सा चाहिए
हर ज़बाँ में इश्क़ लिक्खा चाहिए

मौत ज़िद्दी हो गई है और अब
ज़िंदगी का रुख़ बिगड़ना चाहिए

रस्ता ये तनहा चला है अब इसे
हर शजर पर एक चिड़िया चाहिए

घर में बैठे इक वबा से जंग थी
घर के बाहर भी तो ऐसा चाहिए

रात की चादर लपेटे बुझ गया
चाँद में सूरज का गोला चाहिए

भीड़ में कुछ राब्ते उलझाएँ तो
उसमें रह कर ख़ुद का होना चाहिए

ज़िंदगी में जीतने की प्यास को
ज़हर पीने का इरादा चाहिए..

शजर- पेड़
वबा- महामारी

4

ग़लतियों पर ग़लतियाँ दस ग़लतियों पर ग़लतियाँ
है बशर का काम क्या?..बस ग़लतियों पर ग़लतियाँ

फ़िक्र से छू देना आँसू यक-ब-यक अहबाब के
और दुनिया में है ये मस..ग़लतियों पर ग़लतियाँ

सूखता दरिया कहीं था, बस्तियाँ डूबीं कहीं
फ़ैसला देतीं कमर कस..ग़लतियों पर ग़लतियाँ

बेसुकूनी में सुकूँ, ये आदतें ये मस'अले
काटते उफ़ ख़्वाब में नस!..ग़लतियों पर ग़लतियाँ

मय में जैसे घोल डाली राएगाँ बातें सभी
ज़हर में अंगूर का रस..ग़लतियों पर ग़लतियाँ..

बशर- इंसान
यक-ब-यक- अचानक
अहबाब- मित्र
मस- लगाव
राएगाँ- व्यर्थ

5

जो गहरा गहरा जीता है वो उथला होना चाहे
जो उथला उथला होता है वो जीना वैसा चाहे

जिस दावानल ने घेरा होगा रस्ते में भेड़ों को
उसकी लपटों में चरवाहे का घर भी जलना चाहे

खोला गाँठों को तेज़ी से तो धागे उलझे ज़्यादा
धीमे इक धागा काटा तो खुलना हर धागा चाहे

प्रीत की ख़ुश्बू हर घर ढूँढे अपना ठौर-ठिकाना और
मंदिर छोड़ा, मस्जिद छोड़ा, इंसानी नाता चाहे

दिल को पत्थर कर देती है, दुनिया इतनी बेहिस क्यूँ
फिर छैनी बनकर दिल को फिरसे बेहतर करना चाहे..

दावानल- वन की आग

6

बिकी आँखों ने उफ़ क्या-क्या किया है
तख़य्युल से कोई सौदा किया है

मैं वहशत, फूल बनके देखती हूँ
मुझे इस ख़्वाब ने शैदा किया है

हवा ने चूड़ियाँ पहनी हुईं थीं
मेरे कानों ने ये दावा किया है

"मेरे जीती तुम्हारी याद आए"
ख़तों में माजा ने शिकवा किया है

मजाज़-ओ-मीर-ओ-ग़ालिब के असर ने
मेयार-ए-शाइरी पैदा किया है

मुझे ग़ैरत ने बेबाक़ी नवाज़ी
वगरना रुख़ ने संजीदा किया है

पड़ोसी ने मिठाई भेज कर के
वबा में प्यार से खाना किया है..

तख़य्युल- कल्पना
वहशत- पागलपन

शैदा- परेशान
जीती और माजा- अमृता और इमरोज़ के ख़तों के दो नाम
मेयार- कसौटी
ग़ैरत- खुद्दारी
बेबाक़ी- स्पष्टवादिता
वबा- महामारी

7

कोई पुराना लतीफ़ा सुना के रो आए
हँसे भी और ज़रा सा नमक भी खो आए

किनारा छोड़ के मुमकिन था डूब जाते सो
किनारे बैठ तख़य्युल से पार हो आए

तवाफ़-ए-ख़ुद-ओ-ख़ुदा नींद ले गया अक्सर
तवाफ़-ए-तिफ़्ल में जीभर थके, तो सो आए

सुना है उग रहे थे नफ़रतों के पौधे, हम
दो चार बीज मुहब्बत के और बो आए

किसी के बस में नहीं है किसी पे बस होना
बस इतना कीजे कि वो हँस के जाए, जो आए

न बीते कल की फ़िकर और न डर जमाने का
हम अपने डर को तजारिब बना के ढो आए

दो-चार सौ न सही, एक दोस्त ऐसा हो
उदास शाम की दस्तक हो और वो आए..

तख़य्युल- कल्पना

तवाफ़-ए-ख़ुद-ओ-ख़ुदा- अपने या अपने ईश के चक्कर लगाना
तवाफ़-ए-तिफ़्ल- छोटे बच्चे के इर्द-गिर्द घूमना
तजारिब- अनुभव

8

वो कहते हैं ख़मोशी ने जहाँ को ग़म दिया होगा
मैं कहती हूँ जहाँ ने शोर से बदला लिया होगा

वो कहते हैं किनारे से हटो, वो डूब जाना है
मैं कहती हूँ न डूबा तो किनारा क्या जिया होगा

वो कहते हैं तबस्सुम खर्च करने में किफ़ायत क्यूँ
मैं कहती हूँ लबों को आदतन रुख़ ने सिया होगा

वो कहते हैं उधर खाई है शब जैसी, जिधर पा हैं
मैं कहती हूँ कि ताब-ए-हर्फ़ ने शब को पिया होगा

वो कहते हैं तख़य्युल, आब-ए-सहरा, बह-ए-आतिश है
मैं कहती हूँ हक़ीक़त आब-ओ-आतिश सा हिया होगा..

पा- पैर

ताब-ए-हर्फ़- अक्षर की चमक

शब- रात

तख़य्युल- कल्पना

आब-ए-सहरा- रेगिस्तान का पानी

बह्र-ए-आतिश- आग का समुंदर

आब-ओ-आतिश- पानी और आग

हिया- दिल

9

वफ़ा से इश्क़-ए-मआ'नी की बात हो जाए
कि जैसे पेड़ से पानी की बात हो जाए

कज़ा का ज़िक्र न हो और न ख़ूँ के रंगों का
शफ़क़ से रंग-फ़िशानी की बात हो जाए

शदीद ग़म में हँसा है, तो फ़लसफ़ा होगा
ग़मों की शोख़-बयानी की बात हो जाए

फ़ुज़ूल नींद है जब करवटों का मौसम है
कहो तो ख़्वाब-ए-ख़िज़ानी की बात हो जाए

माँ बच्चियों को सिखा देगी जंग भी, सो अब
नदाँ से एक सियानी की बात हो जाए

तमाम उम्र बुढ़ापे की बात करते रहे
बची है उम्र, जवानी की बात हो जाए

जुनूँ के जलने से पहले हो राख़ में "नेहा"
जुनूँ में ख़ाक दिवानी की बात हो जाए..

इश्क़-ए-मआनी- मायनों का इश्क़
कज़ा- मौत
शफ़क़- क्षितिज की लालिमा
रंग-फ़िशानी- रंग बिखेरना
शदीद- तीव्र
शोख़-बयानी- सुखद विवरण
ख़्वाब-ए-ख़िज़ानी- पतझड़ के सपने

10

ज़िंदगी के हक़ पे क़िस्मत की हुई कारीगरी
मौत की ठंडी हथेली पर दिखी कारीगरी

जिस्म मिट्टी में मिला तो हुस्न भी मिल जाएगा
गर बची तो बस रहेगी रूह की कारीगरी

शाइरी में कुल मिलाकर दो ही चीज़ें चाहिए
इक तो दिल की बात हो और दूसरी, कारीगरी

वादियों की शाम हो या सुब्ह कोई दश्त में
आँख को दिखती ख़ुदा की सुरमई कारीगरी

रोशनी की ज़द में जो आया, वो रोशन हो गया
रोशनी की हद में स्याही, कौनसी कारीगरी..

दश्त- जंगल
ज़द- निशाना

11

बशर उस जानवर सा हो न जाए
जो ख़ुद की भूख में ख़ुद को चबाए

ये मुझमें भीड़ कैसी है जो मुझको
मेरे ही सामने ज़िंदा जलाए

जहन्नुम देखने की ज़िद में बंदे
जहन्नुम को ज़मीं पर खींच लाए

सुना, हस्सास होकर रो न पाया
जो बेपरवाह बनकर मुस्कुराए

के सन्नाटों में आतिशबाज़ियां हैं
धड़कता दिल दिवाली यूँ मनाए

बना ले आदम-ओ-हव्वा दुबारा
मगर पहले ख़ुदा इंसा बनाए

ये दुनिया सोच में पड़ जाए अक्सर
भले किरदार में तल्खी जो आए..

बशर- इंसान
हस्सास- अति-भावुक

12

मैं तलातुम से निकल आई बड़ी तेज़ी से
जब मयस्सर हुई बीनाई बड़ी तेज़ी से

साल-हा-साल बदलती हुई हर शै देखी
जो बदलती दिखी परछाई बड़ी तेज़ी से

मेरी हर जद्द-ओ-जहद, मुझसे मेरी जंग रही
मेरे "मैं" से मैं ही टकराई बड़ी तेज़ी से

क्यूँ न काँटों से मुहब्बत हो गुलों से कम हो
इनसे आती है मसीहाई बड़ी तेज़ी से

कल की आमद भी करूँ, आज को रुख़सत भी करूँ
मैंने सीखी है पज़ीराई बड़ी तेज़ी से

फिर किसी दश्त ने हौले से मेरा नाम लिया
फिर दरीचों से हवा आई बड़ी तेज़ी से

ख़ेत में चंपई सरसों की चमक तारी है
फैलती जाती है ज़रदाई बड़ी तेज़ी से

बज़्म-ए-गुफ़्तार में बैठे भी नहीं बैठे भी
उठ के दौड़ी मेरी गोयाई बड़ी तेज़ी से

रात रानी सी खिली दश्त में पहरों "नेहा"
शहर की सुब्ह में मुरझाई बड़ी तेज़ी से..

तलातुम- मुसीबत, तूफ़ान
मयस्सर- मिलना
बीनाई- नज़र, बुद्धिमत्ता
आमद- स्वागत
रुख़सत- विदा
पज़ीराई- मंज़ूरी, आवभगत
दरीचा- खिड़की
ज़रदाई- पीलापन
बज़्म-ए-गुफ़्तार- बातचीत की महफ़िल
गोयाई- बोलने की ताकत
दश्त- जंगल

13

गुनगुनाती हुई आँखों में ग़ज़ल बैठी है
जाने क्या देख लिया होगा, मचल बैठी है

उफ़ ये हस्सास नज़र दिल की बदौलत, उस पर
अक़्ल मौकूफ हुई, दिल में बदल बैठी है

मुस्तक़िल रोग लगा जबसे, तभी से उसकी
क़ब्र तैयार है और खुद भी फिसल बैठी है

तन से लिपटी हुई साड़ी में हया जा बैठी
मन से लिपटी हया, बन ताज-महल, बैठी है

आबशारों से मिली, ख़ूब खिली और चमकी
भीगती धूप, धनक एक उगल बैठी है

मुस्कुरा दो कि ये दुनिया से बग़ावत होगी
उज़्र-ए-ग़म दे के जो कितनों को निगल बैठी है

मुख्तलिफ़ आपकी और उनकी अलग मरहूमी
ज़िंदगी एक है, दोनों को कुचल बैठी है

हस्सास- संवेदनशील
मौकूफ- निर्भर
मुस्तक़िल- पक्का
आबशार- झरना
धनक- इंद्रधनुष
उज़्र-ए-ग़म- ग़म का बहाना
मुख़्तलिफ़- अलग
लम्स-ए-गुफ़्तार- बातचीत की छुअन
मुनव्वर- रोशन
सूरत-ए-नज़्म- नज़्म की सूरत

14

कैसा नुक़सान कर लिया अपना
दिल को ऐवान कर लिया अपना

आइना देखकर तजस्सुस में
ख़ुद को मेहमान कर लिया अपना

नेकियाँ छुप के करते इंसा को
पहला भगवान कर लिया अपना

दश्त की शब में जागते थे शजर
उनको दीवान कर लिया अपना

ज़हन-ए-शाइर ने अपनी मर्ज़ी से
बंद ज़िंदान कर लिया अपना..

ऐवान- भवन

तजस्सुस- जिज्ञासा, खोज

दश्त- जंगल

शजर- पेड़

दीवान- राजसभा

शब- रात

ज़हन-ए-शाइर- शायर का दिमाग

ज़िंदान- पिंजरा

15

कश्ती को ठुकराकर बहते दरिया से लड़ जाना
जैसे शाइर का दुनियादारी में कम पड़ जाना

आँखों में तपता सूरज होना यानी के शब भर
पुतली का जलते रहना और मिज़्गाँ का झड़ जाना

तूफ़ाँ चलता रहता है अंदर अंदर जैसे कि
तन की मिट्टी में ज़िद्दी मन का पौधा गड़ जाना

जल्दी थक जाएगा इंसा जिसकी आदत में है
मरने तक अपनी आदत की आदत पर अड़ जाना

फ़न पर लग जाए "नेहा" गर बाज़ारों की बोली
इल्म का सिर कटना है, और आगे फ़न का धड़ जाना..

शब- रात
मिज़्गाँ- पलकें
इल्म- विद्या
फ़न- हुनर

16

समुंदर की हथेली देखती हूँ
फिर उस पर खुद को चलती देखती हूँ

तमाशे और होने हैं अभी तो
तमाशा आप बनती देखती हूँ

अमूमन दश्त खा जाता है मुझको
जिसे मैं हो के तितली देखती हूँ

फ़साने थे तो मर कर जी गए हैं
हक़ीक़त, जीती मरती, देखती हूँ

बड़ों! हर हाल में दुनिया बचा लो
कि बच्ची एक सहमी देखती हूँ..

17

कहीं है जीत पाने की तमन्ना
कहीं, सब हार आने की तमन्ना

किसी के दूर जाने से बढ़ेगी
किसी को पास लाने की तमन्ना

बशर जब ख़ुद से ही बेज़ार है तो
किसे है किसको भाने की तमन्ना?

ख़ुदा क्या आसमाँ तक है जो रक्खे
ज़मीं पर क़हर ढाने की तमन्ना?

ख़मोशी तिफ़्ल सी फिरती है जैसे
उसे हो ग़म के शाने की तमन्ना

मेरी बीनाई से रुख़सत हुई है
बहारों को दिखाने की तमन्ना

नहीं मैं वो नहीं हूँ साल भर से
जिसे थी गुनगुनाने की तमन्ना..

बशर- इंसान
तिफ़्ल- बच्चा

शाना- कंधा
बीनाई- नज़र

18

निगाहें हो के बरहम देखती हैं
सितमग़र सारे मौसम देखती हैं

मिलाकर फ़ोन अबकी बार आँखें
किसी आवाज़ के ग़म देखती हैं

जवाबों को छुपा कर के, ख़ताएँ
सवालों में निहाँ दम देखती हैं

जो मौजें साहिलों को छू न पाईं
वो लौट आना भी पैहम, देखती हैं

वो आँखें आज भी चश्मा चढ़ा के
पुरानी कोई अल्बम देखती हैं..

बरहम- परेशान
निहाँ- छुपा
पैहम- लगातार

19

सिर्फ़ इतना उदास होना था
दर्द के आस-पास होना था

आग बनती हर एक शै का मुझे
ओस जैसा लिबास होना था

जो भी होना था, होना ही था, फिर
किसलिए बद-हवास होना था?

शख़्सियत नीम, फिर भी लहजा तो
मिश्रियों की मिठास, होना था

शब को अंधेरा ओढ़ने पर भी
शब में बैठा उजास होना था..

शब- रात
उजास- उजाला

20

काश फ़ुर्सत का रंग नीला हो
फ़िर किसी ख़त का रंग नीला हो

मुझको ऐसी नज़र की चाहत है
जिसकी वुस'अत का रंग नीला हो

तीरगी जिसका कर्ब है, शायद
उसकी शफ़क़त का रंग नीला हो

सुख़ियाँ उनके वास्ते हों मगर
उन की फुर्कत का रंग नीला हो

आग बन जाए ख़ामुशी मेरी
जिसकी हिद्दत का रंग नीला हो

मैंने तोहमत को पी लिया ऐसे
जैसे तोहमत का रंग नीला हो

आसमाँ को बना लूँ पैराहन
जैसे ज़ीनत का रंग नीला हो..

वुस'अत- फैलाव
कर्ब- दर्द

शफ़क़त- दया
फुर्कत- जुदाई
हिद्दत- तपिश
पैराहन- ओढ़ने का कपड़ा, परिधान
ज़ीनत- शृंगार

21

अब इतना भी मत छुपाओ मुझको
मेरी ख़ताएँ दिखाओ मुझको

तुम्हारे सजदे में ये हवाएँ
मैं ज़र्रा हूँ तो उड़ाओ मुझको

जो इक ख़ला से गुज़र रही है
वो रूह लौटा के जाओ मुझको

ये दुनिया फिर से बनाओ या फिर
मिटा के फिर से बनाओ मुझको

जहाँ में जितने वक़ार वाले
हुए हैं उनसे मिलाओ मुझको

तिलिस्म-ए-आँखों का सुनते हैं पर
तिलिस्म-ए-दिल की सुनाओ मुझको

कभी तो आतिश को आब परखे
या रब! गले से लगाओ मुझको

ज़र्रा- कण
ख़ला- पीड़ा
वक़ार- इज़्ज़त
आतिश- आग
आब- पानी
या रब- हे ऊपरवाले

22

गुफ़्तार में रफ़्तार कभी कम या ज़ियादा
ख़ामोशियों से प्यार कभी कम या ज़ियादा

दीवार पे बैठी हुई मायूस नमी को
बस धूप है दरकार, कभी कम या ज़ियादा

किस हाल में छोड़ा है ज़माने ने, हमन से
हर हाल में तक़रार, कभी कम या ज़ियादा

वहशत में जबीं जलता रहा और मुआ मन
होता रहा बीमार कभी कम या ज़ियादा

"मफ़्हूम-ए-सुख़न ही तो है मफ़्हूम-ए-सुख़नवर"
इस बात में इंकार, कभी कम या ज़ियादा

गुफ़्तार- बातचीत
हमन- हम, ख़ुद
वहशत- पागलपन
जबीं- माथा
मफ़्हूम-ए-सुख़न- कविताओं का अर्थ
मफ़्हूम-ए-सुख़नवर- कवि का अर्थ

23

उम्र के आख़िर में ऐसा लाज़िमी है
काग़ज़ी किरदार जलना लाज़िमी है

काग़ज़ी किरदार जलता है तो पीछे
दूसरा किरदार दिखना लाज़िमी है

दूसरा किरदार रोज़ाना बना तो
ज़िंदगी का रुख़ बिगड़ना लाज़िमी है

ज़िंदगी का रुख़ अगर हो आँधियों सा
वक़्त से टकरा के गिरना लाज़िमी है

वक़्त से टकरा के देखा और जाना
के मुक़र्रर वक़्त इसका लाज़िमी है..

मुक़र्रर- तय

24

क्यूँ बनाया गया आधा-आधा
अलहदा दिल कोई तनहा-तनहा

सैंकड़ों रंग हैं चटकीले पर
रंग दो-चार हैं सादा-सादा

आँख में ज़ब्त ज़ियादा, है मेरी
और तमाशों में है थोड़ा-थोड़ा

भूल जाती हूँ मुझे रखकर, मैं
ढूँढ लाने पे हूँ शैदा-शैदा

मुझको कहना तो नदी कहना, पर
नाम देना मुझे रेवा-रेवा

खींच लूँ बह्र से मोती, या फिर
आप हो जाऊँ मैं खेवा-खेवा

नाम होना भी ला-हासिल है अगर
काम बोले नहीं "नेहा-नेहा!"

अलहदा- अलग
ज़ब्त- सहनशीलता

शैदा- खुश
रेवा- तीव्र गति वाली
खेवा- नाविक

25

चार-दीवारी में ढलने में मेरा क्या जाता
दश्त के दिल से निकलने में मेरा क्या जाता

ऐसा होने में बड़ा वक़्त लगा है वर्ना
वक़्त के साथ बदलने में मेरा क्या जाता

फूल राहों में बिछे, फिर भी सुकूँ काँटों में
ढूँढकर, उनपे न चलने में मेरा क्या जाता

जिसको माना है जुनूँ, गर वो महज़ इल्म है तो
पढ़-पढ़ाकर के उगलने में मेरा क्या जाता

वो ज़हीन और मैं आज़ाद ख़यालों वाली
मान लेते, तो बहलने में मेरा क्या जाता

दश्त- जंगल
इल्म- जानकारी
ज़हीन- बुद्धिमान
ज़र्फ़- सहनशीलता

26

कहीं से चली हूँ, कहीं पर रुकी हूँ
मुसाफ़िर हूँ, कब और कहाँ मैं थमी हूँ

नदी हूँ, हवा हूँ, जो फ़ितरत है मेरी
मेरा काम बहना है, बहती रही हूँ

नज़ाकत से मुझको बनाया गया पर
मैं काँटों से भी फूल बनकर लड़ी हूँ

मैं बारिश पे कविता, मैं प्रियसी, मैं ममता
मैं दुनिया को रिश्तों में बांधे चली हूँ

मैं ज़ख्मों पे मरहम, मैं सहरा में शबनम
मैं तपती दुपहरी में आँचल बनी हूँ

अना के असर में मुझे ढूँढना मत
मैं जिस से मिली, आइना हो, मिली हूँ

मेरी ख़ामियों पर मुझे नाज़ है, अब
इन्हें मैं जबीं पर सजाने लगी हूँ

सहरा- रेगिस्तान
शबनम- ओस

अना- अभिमान
जबीं- माथा

27

दुनिया को जानकर जो समझदार हो गए
वो ख़ुद को जान पाए तो हुश्यार हो गए

हम रेस में नहीं थे मगर दौड़ते रहे
हम अपना एक तय-शुदा मेयार हो गए

दो ही कदम पे पूछ लिया दिल का रास्ता
दो ही मिनट में इश्क़ के बीमार हो गए

साहिल से पूछते हैं के दरिया का रुख़ बता
दरिया में डूबने को जो तैयार हो गए

ख़ुश-रंग, ख़ुश-लिबास दिखाई दिए सभी
और हम भी उनके सामने अय्यार हो गए

बिछड़े हुए मिले, तो पस-ओ-पेश से मिले
कुछ देर में ही यार वो, अख़बार हो गए

काग़ज़ पे लिख, मिटाते रहे, अपना नाम हम
सफ़्हात जाने कितने यूँ बेकार हो गए..

हुश्यार- होशियार
तय-शुदा मे'यार- तय कसौटी

अय्यार- छलावा
पस-ओ-पेश- असमंजस
सफ़्हात- पन्ने

28

ऐसी बातें जो ला-जवाब करें
आइए, बैठिए, हिसाब करें

बंद हों जितनी बार दरवाज़े
सोच को उतनी बार, बाब करें

हम किताबों में ख़ुद को ढूँढें क्यूँ
ज़िंदगी क्यूँ न इक किताब करें

क्यूँ सवालों में उम्र कट जाए
क्यूँ न हर पल को सौ जवाब करें

नज़्र है उनकी शान में ये ग़ज़ल
जो ख़सारों को इंक़िलाब करें..

बाब- दरवाज़ा
आब- पानी
ख़सारा- नुकसान
इंक़िलाब- क्रांति

29

ऐसे तो कम ही होते हैं
जिनके आगे हम टूटे हैं

ख़ुद के होने पर हँसते हैं
ख़ुद सा होने पर रोते हैं

सोचा, ख़ाली हो जाएँ अब
सिर तक भारी हो रक्खे हैं

रूखे सूखे दिखते हैं पर
मन के अंदर से गीले हैं

थोड़ा-थोड़ा बहते हैं, और
थोड़ा-थोड़ा उड़ लेते हैं

आँखों में दरिया के ज़रिए
दावानल को ले डूबे हैं

भीड़ से अक्सर छुपने वाले
खेल परिंदों ने खेले हैं

देखो कैसे दो पैरों पर
चलते-फिरते से धोके हैं

इज़्ज़त वो दौलत है, जिसके
अज़्म से पाकीज़ा रिश्ते हैं..

दावानल- जंगल की आग
अज़्म- महानता
पाकीज़ा- पवित्र

30

जो अपने आप से सच बोलता है
वो दुनिया के लिए झूठा रहा है

हमन से उम्र भर की दोस्ती में
हमन से बढ़ता जाता फ़ासला है

ज़कात-ए-ग़मगुसारी से अलग भी
जिसे जो चाहिए था, दे दिया है

हर इक दिन हादसा, हर शब तमाशा
वतन को लग गई क्या बद्दुआ है

दबे पा चाँदनी खिड़की पे आई
अंधेरा चीख़ कर बाहर गया है

अकेला चलने वाला जाने कब से
हज़ारों से तग़ाफ़ुल हो चुका है

मरासिम बे-ग़रज़ होते नहीं, जब
हर इक इंसान कुछ ख़ुदगर्ज़ सा है..

हमन- ख़ुद
ज़कात-ए-ग़मगुसारी- सहानुभूति का दान
पा- पैर
तग़ाफ़ुल- बेपरवाह
मरासिम- रिश्ते
बे-ग़रज़- निःस्वार्थ

31

अनकही कुछ, रास्ते में रह चुकी है
बेतहाशा उम्र दौड़े जा रही है

शोर कतराने लगा ख़ामोशियों से
उसकी ज़द में मैं हूँ, पर मेरी कमी है

वक़्त पर कुछ खो दिया, कुछ पा गया वो
वक़्त से चलती नहीं जिसकी घड़ी है

आदतन मैं हारकर बैठी नहीं हूँ
बस ये फ़ितरत हारने पर हँस पड़ी है

सादगी से बात रक्खी जा चुकी थी
अब ज़बाँ की धार पैनी हो गई है..

ज़द- निशाना

32

ज़ौक़ बोले है के पर्दे खोल दे
फ़न के मनमानी के रस्ते खोल दे

तंग बस्ती की नज़र को छोड़ आ
और बयाबाँ के नज़ारे खोल दे

काट है हर चाल की मुमकिन अगर
दुनिया अपने सारे पत्ते खोल दे

आइना बोला कि उर्यानी से डर
लकड़ियाँ बोलीं कि चेहरे खोल दे

काग़ज़ी गुफ़्तार सारी फूँक आ
दरमियाँ जितने हैं, वक़्फ़े खोल दे..

ज़ौक़- रस, रुचि
बयाबाँ- जंगल
गुफ़्तार- बात-चीत
वक़्फ़े- रुकावटें

33

फिर चलो घर को सँवारा जाए
जीत कर भी कभी हारा जाए

ख़्वाब में जैसे गुज़र जाए हयात
दिन कोई यूँ भी गुज़ारा जाए

आग से आब मिलाकर देखो
किस तरह एक को मारा जाए

रूह पर मेरी, मैं ही पैराहन
मुझको मुझ पर से उतारा जाए

अब किसी चीज़ से डर लगता नहीं
अब यही डर न हमारा जाए

अपनी नाकामियों का जशन मना,
शान से टूटता तारा जाए

ज़ब्त इतना भी न रख दिलवाले
के तुझे बोला बिचारा जाए..

हयात- ज़िंदगी
आब- पानी
पैराहन- परिधान
ज़ब्त- धैर्य

34

ये जो किरदार हैं, कहानी में
ये ज़मी हैं, ज़ियादा पानी में

धड़कनों! ख़ूँ को आज़माना, के
कितनी शिद्दत बची रवानी में

जो गुज़रता नहीं ख़याल से, वो
पल गुज़ारा है ज़िंदगानी में..

35

"मरहम, मरहम!" चिल्लाने से, ज़ख़्म कहाँ भर पाएगा
चोट खुली रख दे तो शायद, खुद मरहम लग जाएगा

खोल के इनको, सब कुछ देखे, या आँखों को बंद रखे
दोनो ही सूरत में शाइर तनहा ख़ाक उड़ाएगा

सच पर पर्दा, झूठ पे पर्दा, पर्दे में दुनियादारी
दुनियादारी बे-पर्दा करने, फिर मंटो आएगा..

36

समुंदर और हवाओं से किनारे टूट जाएँगे
सितारों से न माँगों कुछ, सितारे टूट जाएँगे

मेरी आवारगी हर शै पे है मौकूफ, लेकिन यूँ
अगर हर शै फ़ना होगी, सहारे टूट जाएँगे

मैं जिस आहट से पलटूँ, तुम वही आवाज़ हो जाना
वगरना होश के सब इस्तिआरे टूट जाएँगे

मौकूफ- निर्भर
इस्तिआरे- रूपक/ metaphors

37

कभी आवाज़ों को चुप्पी से बहलाते रहे हैं हम
मगर लोगों का दावा है, समझ आते रहे हैं हम

दुआ लेना, सज़ा देना, सज़ा देकर दवा करना
के रब के इस रवैये को समझ पाते रहे हैं हम

कभी गौहर, कभी पत्थर, कभी दरिया, कभी सहरा
जो जैसा है उसे वैसे नज़र आते रहे हैं हम

कोई मंज़र सुनाई दे, कोई आँसू दिखाई दे
किसी की कैफ़ियत में खुद को उलझाते रहे हैं हम

कभी ख़ारिज करे अर्ज़ी, कभी पैहम दिलासे दे
रही है ज़िंदगी, लोगों को समझाते रहे हैं हम..

गौहर- मोती
कैफ़ियत- दशा, अवस्था
पैहम- लगातार

38

कहीं पर पहुँचने की जल्दी नहीं थी
सो रस्ते से नीचे उतरकर खड़े हैं

तसल्ली से खिड़की पे पर्दे लगाए
हवा के लिए घर की छत पर गए हैं

हर इक शै से मिलते रहे हैं कुछ ऐसे
के जैसे हम उसके ही जैसे बने हैं..

39

जो हमको आज़माना चाहते हैं
वो हमसे ही बहाना चाहते हैं

ज़रा सा काट देना दिल का दरिया
भँवर तक चल के जाना चाहते हैं

शजर से बोलिए,फैला दे बाहें
परिंदे अब घर आना चाहते हैं..

40

• 58 •

ज़रा ज़ियादा दिखाई देने में आई आफ़त ज़रा ज़ियादा
ख़मोशियों से नज़र मिली और नज़र से ज़हमत, ज़रा
ज़ियादा

जहाँ में मौजूद हम नहीं तो सवाल जितने हैं, रायगाँ हैं
अगर जवाबों में हम हुए तो हमें है फ़ुरसत, ज़रा ज़ियादा

उसे ज़ियादा की भूख होगी, जिसे ज़रूरत नहीं पड़ी है
जिसे ज़ियादा की क़द्र होगी, उसे ज़रूरत ज़रा ज़ियादा..

ज़हमत- तकलीफ़
रायगाँ- बेकार

41

जैसे जीना लिक्खा है, हम जीते जाएँ, आख़िर क्यूँ?
पुश्तों के पैमाने में ग़म पीना चाहें, आख़िर क्यूँ?

खुलकर बहने से ज़ख़्मी कर जाना कोई ग़लती है?
नदियाँ ख़ुद को रोकें, ख़ुद पर बांध बनाएँ, आख़िर क्यूँ?

चट्टानों के सीनों पर चाहें जितना भी वार करो
टूट गए तो ठीक, वगरना दर्द छुपाएँ, आख़िर क्यूँ?

गुल, बगिया की क़ीमत जानें, मानें सारी बात मगर
पोशीदा मन रक्खें, अपनी बोल न पाएँ, आख़िर क्यूँ?

आख़िर क्यूँ दुनियादारी से चलती है दुनिया सारी
प्रेम की राह पे चलने वाले पत्थर खाएँ, आख़िर क्यूँ?

पुश्तें- पीढ़ियाँ
पैमाना- प्याला
गुल- फूल
पोशीदा- छुपा हुआ

42

ज़रा हस्सास हैं तो दूसरों का ग़म समझते हैं
वो कहते हैं कि शाइर बात थोड़ी कम समझते हैं

वो देखो हर-नफ़स हैं रास्तों पर और गलियों से
जो लौट आए वो घर के आब को ज़मज़म समझते हैं

सुकूँ से आग लगती थी तो बेचैनी पकड़ लाए
जलाया है क़लम ने पर क़लम का दम समझते हैं

सिसकता आसमाँ बरसा खिलौना बनके आँगन में
किसी बच्चे का रोना आजकल मौसम समझते हैं

किसी नाकाम हसरत पर सुना है वो बहुत रोए
सुना है लोग आँसू को भी अब मरहम समझते हैं..

हस्सास- अति-भावुक
हर-नफ़स- हरदम
आब- पानी
ज़मज़म- पवित्र जल
मरहम- दवा

43

ज़ियादा हँस पड़ी थी इक उदासी
नज़र से गिर गई अपनी, ज़रा सी

तकल्लुफ़ को इजाज़त की तलब है
नहीं तो प्यास मर जाएगी प्यासी

जिधर देखो, ज़मीं चलती दिखेगी
समुंदर के भी अंदर है धरा सी

तराज़ू अपनी मिज़्गाँ जब उठाएँ
गुल-ए-हस्सास में तब बदहवासी

अदीबों में अना इतनी हो बस के
अदब के घर अना हो एक दासी..

तकल्लुफ़- झिझक
मिज़्गाँ- पलकें
गुल-ए-हस्सास- कोमल फूल
अदीब- कलाकार
अना- अहंकार

44

हर इक दिन का नया इमकान हैं चौबीस दरवाज़े
किसी मुश्किल में कुछ आसान हैं चौबीस दरवाज़े

है मुमकिन ना खुले मेहनत से भी हर एक दरवाज़ा
मगर उम्मीद से हैरान हैं चौबीस दरवाज़े

कोई आएगा, जाएगा, या क़िस्मत आज़माएगा
रहेगा वो ही जिसको ध्यान हैं चौबीस दरवाज़े

भले ही चार सूँ फैला हो अंधेरा मगर फिर भी
कहीं वुस'अत के रोशनदान हैं चौबीस दरवाज़े

मेरे ख़्वाबों के दरवाज़ों में इतने ख़्वाब बैठे हैं
के जैसे नींद का सामान हैं चौबीस दरवाज़े..

चौबीस दरवाज़े(metaphor)- दिन के चौबीस घंटे
इमकान- शुरुआत
वुस'अत- फैलाव

45

अलमारी पर ऐसे पर्चे चिपके हैं
जैसे यादों पर चेहरे से चिपके हैं

शिद्दत से ढूँढा तो मिल ही जाएँगे
हर शै पर तो मन के हिस्से चिपके हैं

ख़स्ता-हाल इमारत की दीवारों पर
अब तक पहले रंग के टुकड़े चिपके हैं

गिरते उठते उसने हँसना छोड़ दिया
जिसके चेहरे पर दो गढ्ढे चिपके हैं

इक दिन लिखने वाला पढ़ने जा पहुँचा
तब से दिल में कोरे पन्ने चिपके हैं

चिपकी है भौंहों के बीच में धरती सी
और उस बिंदी से कुछ तारे चिपके हैं

जीने, मरने की बातों पर क्या रोना
ये दो पहलू इक सिक्के से चिपके हैं..

शिद्दत- लगन
शय- चीज़
ख़स्ता-हाल- बुरी हालत

46

बहाने से परिंदे का घर आना ठीक हो शायद
घरौंदे में ज़रा सा मुस्कुराना ठीक हो शायद

मेरे अल्फ़ाज़ तारीकी में जाने कब से बिखरे हैं
दिखाओ रोशनी के अब उठाना ठीक हो शायद

कहाँ की रस्म है के फूल को मुरझा के मरना है?
कली की शक्ल लेकर लौट आना ठीक हो शायद

सवाले तिफ़्ल पर हैरां रही बीमार दुनिया पर
सवाले तिफ़्ल के ज़रिये ज़माना ठीक हो शायद

नहीं कुछ ठीक तो भी ठीक कहना भी ज़रूरी है
के मुमकिन है ये कह-कह कर सयाना ठीक हो शायद..

अल्फ़ाज़- शब्द
तारीकी- अंधेरा
रस्म- प्रथा
सवाले तिफ़्ल- बच्चे के सवाल

47

टीस चुप से बयान होती है
सिल गई इक ज़बान होती है

बंद रहते हैं चंद दरवाज़े
पीछे ख़ाली दुकान होती है

रब्त-ए-बे-लौस वो हुआ जिसमें
दो में दोनों की जान होती है

डर नहीं ऐ परिंद! बाराँ से
पँख में जब ढलान होती है

कश्मकश आदमी में है गोया
तीर उलझी कमान होती है

रब्त-ए-बे-लौस- निःस्वार्थ संबंध
बाराँ- बारिश
गोया- जैसे

48

वो आँखें मिला कर भी हँस ना सकेगा
जो आँखें चुरा कर भी हँस ना सकेगा

जिसे डूबता देख कर हँस रहे हो
वो दुनिया डुबा कर भी हँस ना सकेगा

उजालों से जिसको मुहब्बत नहीं है
अंधेरे जला कर भी हँस ना सकेगा

चलाता चला रास्ता अपने पैरों
में छाले बना कर भी हँस ना सकेगा

जिसे मयक़शी ने रुलाया बहुत है
वो पीकर, पिला कर भी हँस ना सकेगा..

49

पियासे को समुंदर से गिला है
नमक पानी का हिस्सा हो चुका है

परिंदा जो तसल्ली से उड़ा था
बड़े आराम से मारा गया है

किताबें चार पढ़ी लीं, पाँचवीं में
नहीं बाक़ी नया कुछ ज़ाविया है

बशर हैरां है दुनिया देखकर यूँ
के जैसे तिफ़्ल दरिया देखता है

कभी दस रास्ते हैं इक सफ़र में
कभी इक मोड़ ही इक रास्ता है

ज़ाविया- नज़रिया

बशर- इंसान

तिफ़्ल- बच्चा

दरिया- नदी

50

और इसमें बचा हरा क्या है?
आदमी दश्त के सिवा क्या है?

पुर्ज़े पुर्ज़े पे ख़ाक मल देगा
बुत-परस्ती में कुछ नया क्या है?

अपनी कमज़ोरियाँ छुपाता है
ढूँढता है उसे हुआ क्या है

सिसकियाँ रोकता रहा बरसों
आज रो ले, मगर बचा क्या है?

सख़्त जाँ और ज़बान पर तल्खी
ऐसे अन्दाज़ में जुदा क्या है?

वक़्त मुट्ठी में कैसे आएगा?
खोल कर देख के रहा क्या है

आदमी आदमी से पूछे तो
ऐसा होने में खो गया क्या है?

दश्त- जंगल
ख़ाक- मिट्टी
बुत-परस्ती- बुत की पूजा

51

एक औरत का मसअला क्या है?
दश्त पूछे है के हवा क्या है?

आख़िर आवाज़ में दबा क्या है?
कह दिया सब तो रह गया क्या है?

आँख में आब सा भरा क्या है?
दिल में सैलाब सा थमा क्या है?

अपने हाथों को कब उठाएगी?
इनको उठने से रोकता क्या है?

क्यूँ मुहब्बत, वफ़ा-ओ-वादे सब
देखते ही नहीं दगा क्या है?

टूटना, जुड़ना, टूटना, जुड़ना
ही सिखाए के हौसला क्या है

बंद है ख़ुद ही अपनी ज़ात में तू
खोल दे सब को, वसवसा क्या है?

मसअला- समस्या
दश्त- जंगल

आब- पानी
सैलाब- बाढ़
वसवसा- शक

52

दोनों हाथों से लाई जाती है
आग ऐसे बनाई जाती है

मुस्कुराना भी कैसी आदत है
मुस्कुराकर छुड़ाई जाती है

यक-ब-यक बैठकर मेरे आगे
मेरी हस्ती उठाई जाती है

ज़िद मुसाफ़िर को चला ही देगी
रहगुज़र क्यूँ बिछाई जाती है

है कमान एक और तीर कई
जिन पे नीयत चढ़ाई जाती है

यक-ब-यक- अचानक
हस्ती- पहचान
रहगुज़र- रास्ता

53

• 75 •

ग़ज़ल क्यूँ कहूँ जो ख़सारा बने
मेरे शेर-ए-यकता को रुसवा करे

मेरे शेर-ए-यकता को रुसवा न कर
मेरे अर्श पर इक सितारा रहे

मेरे अर्श पर इक सितारा उगा
जहाँ एक प्यारी सी कविता बहे

जहाँ एक प्यारी सी कविता सुनो
समझ लो उधर कोई बिटिया बसे

समझ लो उधर कोई बिटिया पढ़ी
जिधर पर बिना ही परिंदा उड़े

ख़सारा- नुकसान
शेर-ए-यकता- अकेला शेर
रुसवा- अपमानित
अर्श- आसमान
सितारा(metaphor)- काशवी
कविता(metaphor)- कावनी
शजर- पेड़
शादमानी- खुशी

ख़सारा- नुकसान
शेर-ए-यकता- अकेला शेर
रुसवा- अपमानित
अर्श- आसमान
सितारा(metaphor)- काशवी
कविता(metaphor)- कावनी

54

कभी ज़मीं के कभी आसमाँ के हो गए हम
बस एक अपने अलावा, जहाँ के हो गए हम

कहीं पे देखी अदावत, कहीं पे देखी ख़लिश
जो देखा ना-तवाँ तो ना-तवाँ के हो गए हम

हमें चमकना नहीं आया बज़्म-ए-शब की तरह
सो जुगनू बन के उठे, कहकशाँ के हो गए हम

जहाँ न होना भी होने की हैसियत रक्खे
उधर भी ज़िक्र में आए, वहाँ के हो गए हम

हम ऐसे दायरों के लोग, वुस'अतों में मिले
सो हाशिए पे बने कारवाँ के हो गए हम..

अदावत- दुश्मनी
ख़लिश- झगड़ा
नातवाँ- कमज़ोर
बज़्म-ए-शब- रात की महफ़िल
कहकशाँ- आकाशगंगा
वुस'अत- फैलाव
हाशिया- मार्जिन

55

कब ज़िंदगी का मारा, कहता है मुझको देखो
कब भूल के ख़सारा, कहता है मुझको देखो

इल्म-ओ-हुनर नुमाइश की चीज़ें कब रही हैं
कब दरफ़शाँ सितारा, कहता है मुझको देखो

कब चीख़ता है सागर, गहराइयों से डरकर
कब डूबता किनारा, कहता है मुझको देखो

ये कौनसे तक़ाज़े करती है ज़ाते फ़ानी
हर शख़्स ख़ुद का प्यारा, कहता है मुझको देखो

जब गुल के रंग-ओ-बू को इक दश्त की तलब है
तब शह क्यूँ तुम्हारा, कहता है मुझको देखो..

ख़सारा- नुकसान

इल्म-ओ-हुनर- विद्या और फ़न

दरफ़शाँ- चमकदार

तक़ाज़ा- माँग

ज़ाते फ़ानी- नश्वर ज़ात

रंग-ओ-बू- रंग और खुशबू

दश्त- जंगल

56

ख़याल से दिल लगाया, ऐसा कभी नहीं था, कहीं नहीं था
ख़मोशी के दरमियान वक़्फ़ा कभी नहीं था, कहीं नहीं था

हम एक उम्मीद के भरोसे वहाँ से निकले यहाँ से लौटे
यहाँ वहाँ जो हुआ ख़सारा, कभी नहीं था, कहीं नहीं था

सुनाई दीं हैं हज़ार आँखें, हमें मिलीं ग़म-गुसार आँखें
दिखाई देता लबों का हँसना, कभी नहीं था, कहीं नहीं था

हम आप से मुख़्तलिफ़ बने हैं, और आप भी इतना जानते हैं
दो जिस्म और एक जाँ का होना, कभी नहीं था, कहीं नहीं था

हमारे से पेशतर हमारी सदाओं जैसी हवाएँ होंगी
ब-जुज़ हमारे, हवा का क़िस्सा कभी नहीं था, कहीं नहीं था..

वक़्फ़ा- अंतराल
ख़सारा- नुकसान
ग़म-गुसार- दुख समझने वाला
मुख़्तलिफ़- अलग
पेशतर- पहले

ब-जुज़- अलावा

57

वहीं से आवाज़ आ रही है जहाँ कोई बोलता नहीं है
सुना रहे हैं सभी कहानी, मगर सुनाई दिया नहीं है

कहीं तो जुगनू की रोशनी पर निसार होने लगीं निगाहें
कहीं पे ख़ुर्शीद जम के बरसा, नज़र को पर वास्ता नहीं
है

सुना है इस कारवाने दुनिया में हमसफ़र बन गए मुसाफ़िर
सभी भटकने लगे तो जाना कहीं कोई रास्ता नहीं है

ये मुद्दतों के उदास चेहरे, हज़ार में सौ-पचास चेहरे
इन्हें कोई जा के ये बताए, उदास होना ख़ता नहीं है

गुल-ए-चमन बेहिसाब महके, मगर न गुलचीं का ख़ौफ़
रक्खे
जो डर से काँटें में ख़ुद को बदले, वो फूल जैसा रहा नहीं
है

ख़ुर्शीद- सूरज
कारवाने दुनिया- दुनिया का कारवाँ
गुल-ए-चमन- बगीचे का फूल
गुलचीं- फूल तोड़ने वाला

58

बेचना दर्द नहीं आया कभी
और उम्मीद ख़रीदी न गई

तब सँवारा है हक़ीक़त का जहाँ
जब तख़य्युल से नहीं बात बनी

उम्र आराम तलब होगी मगर
मन से वो दौड़ने वाली ही रही

दिल तो उनको ही दिखा करते हैं
जिनको आँखों की ज़रूरत न पड़ी

साथ अल्फ़ाज़ भी सोएँ, खोएँ
नींद गर ख़्वाब को कहने में लगी

फूल शबनम से चमक उठता है
चाहें बरसात हुई, या न हुई

हश्र के रोज़ का डर जाइज़ है
वरना हर एक ग़लत होता सही

तख़य्युल- कल्पना
अल्फ़ाज़- शब्द

हश्र- कयामत का दिन
जाइज़- सही

59

अधूरी ही मुकम्मल हो गई है
मेरी तस्वीर मुझको देखती है

तवाज़ुन को बनाने में लगी है
फ़क़त रस्सी पे चलती ज़िंदगी है

कभी सहरा ने सूरज छूना चाहा
कभी दरिया की हिम्मत भी हुई है

जिसे ख़ामोशियों से काटती हूँ
मुझे उस शोर की आदत रही है

चलेगा साथ मेरी याद में गुम
मेरे साए में थोड़ी रोशनी है

तवाज़ुन- संतुलन
फ़क़त- केवल
सहरा- रेगिस्तान
दरिया- समुद्र

60

गुल को गुल सा नज़र आना भी नहीं
और काँटों को दिखाना भी नहीं

आँख तस्वीर में ठहरी जिस पर
उस को उठकर कहीं जाना भी नहीं

शब ने मिज़गाँ पे बिठाया जुगनू
छेड़ कर चाँद उड़ाना भी नहीं

जिस में दो-चार बशर रहते हों
उस को इक नाम बनाना भी नहीं

अक़्ल से उम्र मिटानी भी है
इल्म का बोझ हटाना भी नहीं..

गुल- फूल
शब- रात
मिज़गाँ- पलकें
बशर- इंसान
इल्म- शिक्षा, हुनर

61

फ़रोग़-ए-रूह की दौलत अगर होगी तो जायज़ है
बिखरते आब की क़ीमत अगर होगी तो जायज़ है

चमकते बल्ब जब सो जाएँगे शब की दिवारों पर
अज़ल के चाँद की हसरत अगर होगी तो जायज़ है

मुहब्बत जुम'आ-जुम'आ आठ दिन का काम है लेकिन
वफ़ा पर रोज़ की मेहनत अगर होगी तो जायज़ है

करम है अश्क़-बारी भी अगर दरिया शनासा हो
कभी ग़म-ख़्वार की सोहबत अगर होगी तो जायज़ है

मजाज़ी एक दुनिया में बनफ़शा फूल से बच्चे
हैं या'नी अस्ल की रंगत अगर होगी तो जायज़ है..

फ़रोग़-ए-रूह- रूह की रोशनी
आब- पानी
शब- रात
अज़ल- सदा रहने वाला
जुम'आ-जुम'आ आठ दिन- कम दिन
अश्क़-बारी- रोना
शनासा- परिचित
ग़म-ख़्वार- हमदर्द

सोहबत- साथ
मजाज़ी-नकली, बनावटी
बनफ़शा- नीले फूल का पौधा
अस्ल- असल

62

मैं किसे गुनगुना रही हूँ आज
गीत फिर कोई गा रही हूँ आज

दूर तक देखती रही साए
जो क़रीब अपने पा रही हूँ आज

दर्द अब दूसरा नहीं होगा
ज़ख़्म पहला भुला रही हूँ आज

आसमाँ पर जो नूर बैठा है
उसको नीचे बुला रही हूँ आज

सोच के ज़ाविये हज़ारों हैं
एक पहलू सुना रही हूँ आज

ज़ाविये-नजरिए

63

इतना ख़ाली हुए भरे थे लोग
फिर भरे ही नहीं गए थे लोग

उम्र इतनी नहीं मिली जितनी
बार ख़ुद से घुले-मिले थे लोग

आह निकली मगर नहीं निकली
शोर में नीचे तक दबे थे लोग

मुस्कुराने की कैफ़ियत के साथ
ग़मे दुनिया के हो चुके थे लोग

आज रस्ते दिखाने आते हैं
कल तलक ख़ुद को ढूँढते थे लोग

दोस्तों हम भी उन में शामिल हैं
जिनको हम लोग कह रहे थे..लोग

कौन इन का हिसाब रखता है
लोग कहते हैं, कुछ हुए थे लोग..

कैफ़ियत- अवस्था

64

चले तो आए हैं कुछ दूर ज़हन-ओ-दिल..अब आगे क्या?
यहाँ पर आज़माइश और वहाँ मुश्किल..अब आगे क्या?

अगर मालूम होता रास्तों की मंज़िलें भी हैं
तो कहते हर सफ़र का ये नहीं हासिल..अब आगे क्या?

हमीं को हम जलाते थे, हमीं पर हम बरसते हैं
हमारी ही नज़र में हो गए बुज़दिल..अब आगे क्या?

हमें अंजाम की परवाह करनी चाहिए थी पर
हमारी फ़िक्र में बस ये नहीं शामिल..अब आगे क्या?

बड़े अख़्लाक़ से तहज़ीब की दुनिया में जागे और
बड़ी शाइस्तगी से हो गए ग़ाफ़िल, अब आगे क्या?

ज़हन-ओ-दिल- दिल और दिमाग़
अख़्लाक़- ढंग, अच्छा स्वभाव
तहज़ीब- शिष्टाचार
शाइस्तगी- शराफ़त
ग़ाफ़िल- बेख़बर

65

अक्सर पाना ही पाने सा नई होता
सब्र का फल इतना भी मीठा नई होता

धीरे धीरे आ जाती है ख़ामोशी
पर जल्दी से शोर का जाना नई होता

जिसको सागर में छुपने की आदत हो
वो मोती दिखने पर खारा नई होता

कबसे हाथ मिलाए बैठा है मुझसे
इक साया जो मेरे जैसा नई होता

कागज़ और पत्थर को गिरते देखा है?
मन गिरने के वक़्त से हल्का नई होता

66

ख़लल मुश्किल में ऐसा चाहिए था
ख़ला होता धमाका चाहिए था

किताबों ने सिखाया जीतना पर
उन्हें जीना सिखाना चाहिए था

जिसे खींचे मुसलसल ज़हन जब तब
ज़ुबाँ पर एक पर्दा चाहिए था

उड़ें, तो अर्श के..रेंगें, ज़मीं के
हमें तो सारा कोना चाहिए था

गुज़रना चाहता है वक़्त और डर
ठहरने में कलेजा चाहिए था

ख़लल- रुकावट
ख़ला- खाली जगह, vacuum
मुसलसल- लगातार
ज़हन- ज़हन, दिमाग़
अर्श- आसमान
मुकर- मना करना

67

हिया के पंख फैलाकर उड़ें तो ही निडर कहना
जिन्हें हम पाँव कहते हैं, उन्हें मानस के पर कहना

हमारा सत्य हमको ज्ञात होना, सत्य ही तो है
अगर फैला है अंधेरा, है अंधेरा इधर, कहना

सवेरा हो चुका होगा मगर खिड़की नहीं खोली
सवेरे का नहीं, उसको उजाले का है डर, कहना

हैं भोले ईश, सो विष धर चुके हैं कंठ में अपने
अगर मानुष हो तो ऐसा नहीं अपना समर कहना

अगर है क्रोध, तो बोलो, अगर पीड़ा है, तो बोलो
मगर है मौन का घर तो उसे बिल्कुल न घर कहना

हिया- दिल
मानस- मनुष्य, इंसान
ज्ञात- पता
समर- युद्ध, लड़ाई

68

हर ख़सारे का बाब हो जाए
शाइरी जब शराब हो जाए

रुख़ से पर्दे उठाए यूँ बारिश
रंग पर फिरता आब हो जाए

भेड़िये हाव-हू में हों गर मय,
रात और माहताब हो जाए

गुमशुदा कारवाँ नहीं मिलता
हादसा जब हिसाब हो जाए

गुमशुदा आदमी नहीं मिलता
गर अदू कामयाब हो जाए

गुमशुदा ए'तिमाद ढूँढें तो
इश्क़ भी मुस्तजाब हो जाए

वो जो ख़ुद से ही दूर करती हो
चीज़, ख़ुद भी ख़राब हो जाए

वो जो दुनिया से दूर करती हो

नाम उस शै का ख़्वाब हो जाए

हम भी पैरों को छोड़ दें ख़ाली
ज़िंदगी गर गुलाब हो जाए

ख़सारा- नुकसान
बाब- दरवाज़ा
रुख़- चेहरा
आब- पानी
हाव-हू- शोर
मय- शराब
माहताब- चाँद
गुमशुदा- लापता
कारवाँ- काफ़िला
अदू- दुश्मन
एतिमाद- भरोसा
मुस्तजाब- मंज़ूर
शै- चीज़

69

तमाम वहशी हैं कू-ब-कू और कहीं कोई देवता नहीं है?
मैं कैसे कह दूँ कि इस जहाँ में ख़सारा है पर नफ़ा नहीं
है?

ये रंज-ओ-ग़म के सताए चेहरे, ये तीरगी के बुझाए चेहरे
मुझे यक़ीं है कि हँस पड़ेंगे अगर कहूँ ग़म सज़ा नहीं है

हसद, अना से अगर न गुज़रे, वक़ार-ओ-शफ़क़त पे सीधे
जाए
अज़ल से कामिल है तो मुसाफ़िर, हुआ है लेकिन जिया
नहीं है

झुकी हुई है वो शाख़ जिस पर नए हैं नन्हे से सब्ज़ पत्ते
तनी रही है वो शाख़ जब-जब ख़िज़ाँ ने उसको छुआ नहीं
है

मेरी वसीयत में वो न होंगे, जिन्हें ज़ियादा ही मैं मिली हूँ
जिन्हें ज़ियादा की आरज़ू है, उन्हें समुंदर दिखा नहीं है..

वहशी- जंगली, असभ्य, बर्बर
कू-ब-कू- हर ओर
ख़सारा- नुकसान
नफ़ा- फ़ायदा

रंज-ओ-ग़म- कष्ट और दुख
तीरगी- अंधेरा
हसद- जलन
अना- अभिमान
वक़ार-ओ-शफ़क़त- प्रतिष्ठा और दया
अज़ल- हमेशा
कामिल- पूर्ण, पूरा
सब्ज़- हरा
ख़िज़ाँ- पतझड़

70

न दवा दीजे, ना दुआ कीजे
ग़र्मों से यूँ भी तो वफ़ा कीजे

है बशर की कमी अभी, तो क्यूँ
जो मिले, उसको देवता कीजे?

गर सफ़र है जो बैर रखता हो
रास्ते को ही आशना कीजे

जो पुकारेंगे नाम ले लेकर
उनकी आवाज़ को पता कीजे

हम ग़ज़ल हैं बिना रदीफ़ लिए
ज़िंदगी आप क़ाफ़िया कीजे

हम बुरे हैं ये मान लेते हैं
आप अच्छे हैं तो मना कीजे

हश्र में वहशियों से कल मिलना
आज वहशत का सामना कीजे

ख़ुद की तकलीफ़, ख़ुद की बेज़ारी

से उठाकर ख़ुदी जुदा कीजे

हम से कहते हैं रात के पंछी
साथ परवाज़ कर लिया कीजे

बशर- इंसान
आशना- साथी
रदीफ़- ग़ज़ल के हर शेर के आखिर में आने वाले शब्द
क़ाफ़िया- तुकांत शब्द
हश्र- क़यामत का दिन
वहशी- क्रूर, जंगली
वहशत- क्रूरता
बेज़ारी-निराशा
ख़ुदी- अहंकार, घमंड
परवाज़- उड़ान

71

मेरे नज़रिए पे हँसना भी आया रोना भी
मुझे पसंद है पाना भी और खोना भी

यक़ीन हो, तो सही, बे-यक़ीनी हो, तो हो
मुझे न होना भी चलता है और होना भी

मैं मो'जिज़ात का क्यूँ इंतज़ार करती हूँ?
सुख़न के ज़ौक़ में जादू भरा है टोना भी

जो दश्त होती अगर, कू-ब-कू बिखरती, पर
हवा हूँ, बीज उड़ाना है और बोना भी

मैं इसलिए भी मेरे सच को साथ रखती हूँ
के झूठ साथ चला तो पड़ेगा ढोना भी

मो'जिज़ात- चमत्कार
सुखन- काव्य, शाइरी
ज़ौक़- रस, शौक़
वक़ार- इज़्ज़त
तिश्नगी- प्यास
दश्त- जंगल
कू-ब-कू- हर तरफ़

72

महव-ए-ग़म है के हाल ज़िंदा है
महव-ए-हैरत ग़ज़ाल, ज़िंदा है

वो चढ़ाएँगे रोज़ क़ब्र पे फूल
यानी जबतक मलाल ज़िंदा है

चुप ने जीकर जवाब दे डाला
चुप से ही तो सवाल ज़िंदा है

सूरत-ए-हाल-ए-ज़िंदगी जो हो
मौत बोले, जमाल ज़िंदा है

हम ने पर्दों में रख दिये तूफ़ाँ
लोग समझे वबाल ज़िंदा है

महव-ए-ग़म- दुख मे डूबा हुआ
महव-ए-हैरत- हैरत में डूबा हुआ
ग़ज़ाल- हिरण का बच्चा
मलाल- खेद, पश्चाताप
सूरत-ए-हाल-ए-ज़िंदगी- ज़िंदगी का हाल
जमाल- खूबसूरती
वबाल- बवाल

73

इश्क़ कहता है निभा लो मुझको
हक़-परस्ती से बचा लो मुझको

मैं तो इक रंग हुआ हूँ ऐसा
चाहता हूँ के चढ़ा लो मुझको

मुझको मासूम बने रहना है
क़द से कितना ही बढ़ा लो मुझको

चाँद का दाग अगर लगता हूँ
चाँद के पार लगा लो मुझको

इतना आसान नहीं हूँ के तुम
वक़्त बे-वक़्त बुला लो मुझको

कब कहा मैंने मुझे मरना है
सो रहा हूँ, तो उठा लो मुझको

अपनी मिट्टी से बनूँगा मैं ही
फिर बहा दो या जला लो मुझको..

हक़-परस्ती- सच्चाई
क़द-आकार

74

रांझे को जैसे हीर दिखाई दे जाए
काश हमें तक़दीर दिखाई दे जाए

तस्वीरों से गर्द उतारी जाए तो
एक बड़ी तस्वीर दिखाई दे जाए

कुहसारों को सुर्ख़ नमी से भरने पर
शायद मन की पीर दिखाई दे जाए

चेहरों पर आँखों को गढ़ाए फिरते हैं
बंद करें, तासीर दिखाई दे जाए

उम्मीदों के ख़्वाबों में ढल जाने से
लाज़िम है, जागीर दिखाई दे जाए

गर्द- धूल
कुहसारों- धुंध
पीर- पीड़ा
तासीर- गुण
लाज़िम- ज़रूरी
जागीर- जाइदाद

75

जो निहाँ है वो रू-ब-रू होगा
सामना ख़ुद से भी कभू होगा

रहगुज़र गर उधड़ गई तो क्या
इब्तिदा से सफ़र रफ़ू होगा

ख़ाक उड़ाता फिरेगा इल्म, जहाँ
मैं भी मामूली, तू भी रू होगा

क्या कहा? लहजा तल्ख़ है मेरा?
फिर तो हर कान में लहू होगा

क्या कहा? लहजा तल्ख़ मत रखिए?
फिर तो दिल ही में हाव-हू होगा

ज़ब्त पर मारते नहीं पत्थर
राबते में वो आबजू होगा

ज़ब्त पर मारते रहो पत्थर
आबजू है, तो तुंद-ख़ू होगा

जितना पाया है, उतना देना है

ज़िंदगी को ये सरफ़रू होगा

शह जाओ, तो एक सिम्त चलो
दश्त का क्या, वो चार-सू होगा..

निहाँ- छुपा हुआ
रू-ब-रू- सामने
कभू- कभी
रहगुज़र- रास्ता
इब्तिदा- शुरुआत
ख़ाक- धूल
इल्म- विधा
रू- चेहरा
लहजा- बातचीत का तरीका
तल्ख़- कड़वा
हाव-हू- शोर
ज़ब्त- बर्दाश्त
राबता- संबंध
आबजू- नहर
तुंद-ख़ू- गुस्सैल
सरफ़रू- मुआवज़े की प्रक्रिया
शह- शहर
एक सिम्त- एक तरफ़
दश्त- जंगल
चार-सू- चारों तरफ़

76

ये जो किरदार हैं, कहानी में
ये ज़मी हैं, ज़ियादा पानी में

धड़कनों! ख़ूँ को आज़माना, के
कितनी शिद्दत बची रवानी में

और भी एक इश्क़ होता है
तीरगी और रातरानी में

शोर ऐसा है मौज-ए-दरिया का
जैसे इक हूक ज़ात-ए-फ़ानी में

फ़लसफ़ा पैरहन नहीं होता
जो बदल जाए बे-धियानी में

शिद्दत- तीव्रता
तीरगी- अंधेरा
मौज-ए-दरिया- दरिया की लहर
ज़ात-ए-फ़ानी- नश्वर ज़ात, मनुष्य
फ़लसफ़ा- दर्शन का ज्ञान
पैरहन- परिधान

77

लाखों की बीनाई बेचने जाती हैं
आँखें जो दो पैसे गिनकर लाती हैं

आँखों में दो पैसे जितनी तस्वीरें
लाखों की बीनाई को खा जाती हैं

लाखों की बीनाई का वो क्या करते
जिनकी आँखें दो पैसे में आती हैं

जिनकी आँखें दो पैसे को तरसी हों
लाखों की बीनाई से घबराती हैं

लाखों की बीनाई के पेचो ख़म को
दो पैसे की बातें ही सुलझाती हैं

दो पैसे की बातों में से कुछ बातें
लाखों की बीनाई भी तो लाती हैं

लाखों की बीनाई पाई कुछ आँखें
दो पैसे में बचपन को खो आती हैं

बीनाई- नज़र
पेचो ख़म- जटिलता

78

तपती रेत पे दौड़ के चलना लाज़िम है
और सफ़र में पैर का जलना लाज़िम है

लाज़िम है ख़ल्वत में भी दुनियादारी
तन्हाई का भीड़ में ढलना लाज़िम है

देख मनाज़िर रोज़ नए हंगामों के
आँखों में वहशत का पलना लाज़िम है

रंग बदलती दुनिया से छुपकर मिलते
गिरगिट का भी रंग बदलना लाज़िम है

मुमकिन है फूलों से ख़ौफ़ निकल जाए
फिर काँटों में डर का फलना लाज़िम है..

लाज़िम- ज़रूरी
ख़ल्वत- एकांत
मनाज़िर- नज़ारे
वहशत- पागलपन
ख़ौफ़- डर

79. चंद अशआर-

- काम मेरा, जुनून है मेरा
  और इज़्ज़त मेरी कमाई है

- यकायक ज़ुल्फ़ खुल कर हँस पड़ी है
  हवा ने उँगलियाँ फेरीं हैं शायद

- वो दरिया हो के भी अपने किनारों से बंधा है, और
  हवा हूँ मैं, जो दरिया के किनारों पर भी बहती है

- सलामी देने वालों से मिला कर
  वगरना कौन किस को पूछता है

• मुस्कुराने की वजह ना ढूँढना
  मुस्कुराने के लिए काफ़ी रहा

• जो बचपन खेल में छुपने गया था
  उसे फिर ढूँढ कर लाया न कोई

• मेरा हाथ छोड़ें, कहानी में मेरी
  नहीं आप कुछ, एक किरदार हैं बस

• शाइरी वो रेग है जिसका यही हासिल रहा
  सूख बैठा दिल का दरिया, हाथ ख़ाली रह गया
  रेग- रेत

- मेरे दुश्मन तू मेरे सामने बैठ
  मैं भी देखूँ सलाम कैसे न हो

- झुकाया है अदब से सर, अगरचे
  सलामत है शजर की रीढ़ अब तक
  शजर-पेड़

- दाइमी जो है सच वही है मगर
  आरज़ी सच भी कोई झूठ नहीं
  दाइमी- शाश्वत, हमेशा का
  आरज़ी- अस्थाई

- आँख से देखा राएगाँ था जो
  दिल से देखा तो जावेदाँ निकला..
  राएगाँ- बेकार, व्यर्थ
  जावेदाँ- हमेशा के लिए

- अक़ीदत में इज़ाफ़ा हो या ना हो
बशर को हिम्मतें तक़सीम तो हों
अक़ीदत- विश्वास, श्रद्धा
इज़ाफ़ा- बढ़त
बशर- इंसान
तक़सीम- बांटना

❦❦❦

- सर पे दस्तारें चढ़ी रहती हैं
चुप के होठों पे उतर आने से
दस्तार- पगड़ी

❦❦❦

- हवाएँ, घटाएँ, शजर और मिट्टी
मैं इनकी नहीं तो कहीं की नहीं हूँ
शजर- पेड़

❦❦❦

- वो मुझ को बात में उलझाए रखना जानते थे
मगर आँखें पकड़ लेना मेरी फ़ितरत रही है

❧❧❧

* बाज़ दफ़ा बरसातों में मरते रस्ते
  मिट्टी की आहों को साँस समझते हैं

❧❧❧

* शस्त्र उठाओ सीते और हुंकार भरो
  कलियुग में रावण वध तुमको करना है

❧❧❧

* ज़माना तर्क कर देगा किसी दिन
  ज़माने बाद ख़ुद से मिलने वाला
  तर्क- छोड़ना, त्याग

❧❧❧

* जिसकी बरबादियाँ नहीं दिखतीं
  उसको आबाद ही कहा जाए

❧❧❧

* बड़े एहसान हैं दुनिया के मुझ पर
  ज़ियादा वो, जिन्हें मैं रख न पाई

* मैं अपनी उम्र से पीछा छुड़ा कर
  तुम्हारे साथ बचपन जी रही हूँ

* जो यक-दम छोड़ दें नज़रें, बहारों का यक़ीं करना
  नज़रिए को फ़क़त पतझड़ का मौसम रास आ जाए
  यक-दम- अचानक
  फ़क़त- केवल, सिर्फ़

* न लगाओ किवाड़ में साँकल
  जो गया था, वो लौट सकता है

- हमने तस्वीर मे फूलों को जगह दी अपनी
  हमसे तस्वीर मे मुरझाया नहीं जाएगा

- एक मुद्दत से परेशान किए जाती है
  उम्र जो आज के हिस्से में नहीं आती है
  मुद्दत- अवधि

- उड़ते फिरने मे पर लगें न लगें
  बैठने में ज़रूर लगते हैं
  पर- पंख

- दीवारों पर मन की बातें मत फैंको
  लौटेंगी तो गहरी चोटें दे देंगी

• तख़य्युल में हमारी हाज़िरी है
  हमें स्कूल के बाहर निकालें
  तख़य्युल- कल्पना
  हाज़िरी- उपस्थिति, मौजूदगी

• हर कहानी में मर गए होते
  गर वो हम ने नहीं लिखी होती

• वो जो ग़म को हसीन कहता है
  उसने उम्मीद को नहीं देखा
  हसीन- सुंदर

• इतने सामान में ज़रूरी है
  ख़ुद को चीज़ों से मुख़्तलिफ़ रखना
  मुख़्तलिफ़- अलग

* इक ज़रा खुल के मुस्कुराने से
  फूल, काँटों से तेज़ चुभता है

❧❧❧

* तुम मेरे सच की आबरू रख लो
  मैं भी अब और झूठ ना बोलूँ
  आबरू- इज़्ज़त

❧❧❧

* तसल्ली है कि मेले जैसी दुनिया
  में अपने हाथ से छूटी नहीं मैं

❧❧❧

* कुछ ऐसे रास्तों के गुमाँ तोड़ते रहे
  हर शहर में हमारे निशाँ छोड़ते रहे

❧❧❧

* यूँ दिये से खुदिया जलाते हैं
  कोई हँस दे तो मुस्कुराते हैं

• सब्र बेचैन भी कर सकता है
तिलमिलाना भी सुकूँ दे शायद

• हवा भी रुख़ बदलना चाह लेगी
उसे उम्मीद का रस्ता दिखा दो
रुख़- दिशा

• वक़्त की आँखों में आँखें डाल दी हैं
देखना है कौन किसको मात देगा
मात- हराना

• बाज़ दफ़ा टूटे तारों के गुम हिस्से
छोटी छोटी खुशियाँ बनकर मिलते हैं

- इश्क़ के ज़ाविए हज़ारों थे
  वस्ल की ज़द में आ गए सारे
  ज़ाविया- नज़ारिया
  वस्ल- मिलन
  ज़द- निशाना

- जब जवाबों की उम्र छोटी हो
  तब सवालों में साँस क्या भरना

- दुख तो एक बगीचे का बच्चों वाला झूला है
  जितना खींचा जाएगा उतना बढ़ता जाएगा

- कल की पेशानी पर गीली पट्टी थी
  मुमकिन है के आज की हालत अच्छी हो
  पेशानी- माथा

❧❧❧

• दह्र में आग लग चुकी हो तो
पहली बारिश भी मो'जिज़ा होगी
दह्र- दुनिया
मो'जिज़ा- चमत्कार

❧❧❧

• जान जिसकी शजर में अटकी है
दश्त कटने पे मर न जाए कहीं
शजर- पेड़
दश्त- जंगल

❧❧❧

• आँखों के खुलने से पहले टूटे हैं
अच्छे ख़्वाब तो नींद के कच्चे होते हैं

❧❧❧

• जिसे हम पी के खारे हो गए वो
समुंदर खा गया मौजें हमारी

मौजें- लहरें

❧❧❧❧

• दिन में तारों को गिना करती है
शाइरी रात की मोहताज नहीं
मोहताज- आश्रित

❧❧❧❧

• मैं जानती ही नहीं के मेरी तलाश है क्या
मेरी तलाश मुझे ढूँढ़कर ख़बर कर दे

❧❧❧❧

• थम जाने पर साँसें रोके बैठा है
बारिश के पहले वाला मौसम होगा

❧❧❧❧

• देर तक छेड़ते नहीं इसको
वक़्त ऐसे ख़राब करते हैं

* मुझे हर ज़ाविया आज़ाद कर दे
जिसे मुझसे रिहाई की तलब है..
ज़ाविया- नज़रिया
रिहाई- मुक्ति

* हाशिये पर सिमट नहीं पाता
वुस'अतों में जिसे समाना हो
हाशिया- किनारा
वुस'अत- विस्तार, फैलाव

* पहली जीत का दर्जा दोयम है गोया
पहली हार का तमग़ा दिल पर रक्खा हो
दर्जा- ओहदा
दोयम- दूसरा
गोया- जैसे
तमग़ा- पदक, इनाम

* ज़मीं से बड़ा पर ज़मीनी बड़ा
बहुत ख़ास होता है आम आदमी
ज़मीनी- ज़मीन से जुड़ा हुआ

* एक गूँगा भी सिर हिला देगा
उसकी अपनी ज़बान होती है

* लौट कर आते वक़्त, रस्ते में
मैं मिलूँ तो मुझे भी ले आना

* दम-ब-दम सफ़र लाज़िम, ज़िंदगी की गाड़ी में
उम्र को गुज़रना है आदतें ठहरने तक
दम-ब-दम- हरदम
लाज़िम- ज़रूरी

* सोचती हूँ दूरियाँ कुछ कम करूँ
  एक अर्सा हो गया ख़ुद से मिले

* डर से आँखें बंद कर तो ली हैं लेकिन
  बंद डर को आँख से कैसे निकालें

* बंद करने से आँख,क्या होगा
  सामने सच ही तो खड़ा होगा

* तलब होती है बन जाऊँ बियाबाँ
  किसी पौधे को उगता देखना है
  बियाबाँ- जंगल

- हम वक़ार-ओ-तिश्नगी से यूँ मरे
  हमसे पानी भी नहीं बोला गया
  वक़ार-ओ-तिश्नगी- गैरत और प्यास

- सिर तक क़र्ज़ में डूबी हूँ
  मैं पेड़ से साँसें लेती हूँ

- अब के मिलना तो मुस्कुरा देना
  मुस्कुराना, अदब से मिलना है

- दस रास्ते बिछे थे मगर दिल ये आदतन
  दस रास्तों को छोड़ के अगलों पे चल पड़ा

● तुम्हारा बोलना चुभता नहीं पर
  मुआफ़ी, गर मेरी चुप्पी चुभे तो

● हम हमारी तलाश में हम से
  मुख़्तलिफ़ कोई ढूँढ लाते हैं
  मुख़्तलिफ़- अलग

● जो सहरा में उड़े, दरिया में डूबे
  मुझे वो रेग होना चाहिए था
  रेग- रेत

तस्वीरें बोलती हैं..

Photos credits: Neha Tyagi, Meghna Tyagi, Gauri Tyagi

80. मुहब्बत की तक़्तीअ..

मुहब्बत की तक़्तीअ की तो लगा कि
मुहब्बत के बारे में कुछ तो लिखूँ मैं
कि क्या है मुहब्बत, कहाँ है मुहब्बत
जहाँ देखिए क्या वहाँ है मुहब्बत?

असल में तो ये सोचना है ज़रूरी
कि वो कौनसी चीज़ है, बात है, जिसमें
दिल की नज़र दूर तक भी नहीं हैं
मुहब्बत का म तो क्या त भी नहीं है
जनाज़ों के होते रहे ज़िक्र लेकिन
नहीं फ़िक्र गर तो मुहब्बत नहीं है
जो ज़ाहिद हुए वो तो अच्छे हैं लेकिन
जो रब को भी ज़ाती बना कर लड़े हैं
कि अच्छों का कर क़त्ल हैं शाद, सुन लें
ये वहशत तो होगी, मुहब्बत नहीं है
जो जिस्मों से खेले हैं जैसे खिलौने
जो बच्चों की मासूमियत रौंदते हैं
जो औरत को जूती का चमड़ा कहें, वो
कहें "वस्ल में हैं, मुहब्बत नहीं है

सियासत में क्या देखते हो? मुहब्बत?
उधर तो मुहब्बत का त भी नहीं है
वहाँ म है जो, मुफ़्लिसों का नहीं है

जहाँ म है मंदिर जहाँ म है मस्जिद
जहाँ म है जो मुद्दआ चल रहा है
वहाँ मुद्दआ है, मुहब्बत नहीं है
मुहब्बत की तक़्तीअ की तो लगा कि
मैं लिक्खूँ किधर और कहाँ है मुहब्बत
कि फूलों का खिलना ज़रूरी है क्यूँकि
मुहब्बत है गर, तो वहाँ है मुहब्बत
कि नन्ही सी आँखें पड़ें जब भी माँ पर
मुहब्बत है गर, तो वहाँ है मुहब्बत
है इंसानियत बाक़ी दौर-ए-वबा में
मुहब्बत है गर, तो वहाँ है मुहब्बत
कि साँसों की लय पर कोई नाम थिरके
मुहब्बत है गर, तो वहाँ है मुहब्बत
कोई शाइरी ज़ख्म पे कर दे मरहम
मुहब्बत है गर, तो वहाँ है मुहब्बत
नज़र में उतर आए जैसे हो शबनम
मुहब्बत है गर, तो वहाँ है मुहब्बत
ज़रा देख लो दिल में अब भी बची जो
मुहब्बत है गर, तो वहाँ है मुहब्बत
अगर टल सके मौत बातों के दम पे
मुहब्बत है गर, तो वहाँ है मुहब्बत
अगर ज़ात प्यारे से रिश्ते बनाए
मुहब्बत है गर, तो वहाँ है मुहब्बत
अगर प्यार में रूह की मर्ज़ियाँ हों
मुहब्बत है गर, तो वहाँ है मुहब्बत
सियासत भी मुफ़्लिस के घर आए जाए
मुहब्बत है गर, तो वहाँ है मुहब्बत

मुहब्बत की तक़्तीअ की तो लगा कि
मुहब्बत के बारे में कुछ तो लिखूँ मैं
कि क्या है मुहब्बत, कहाँ है मुहब्बत
जहाँ देखिए क्या वहाँ है मुहब्बत?
मुहब्बत की तक़्तीअ में भी मुहब्बत
मुहब्बत की तक़्तीअ में भी मुहब्बत..

तक़्तीअ- मात्रा गणना
ज़ाहिद- धार्मिक
शाद- खुश
वहशत- पागलपन
मुफ़्लिस- गरीब
मुद्दआ- मुद्दा
दौर-ए-वबा- महामारी का वक़्त
शबनम- ओस

81. रात और धुंध..

रात ने धुँध को तारीकियों में ओढ़ा था
और आहिस्तगी से ख़्वाब बुन रही होती
जो मैं दोनों के बीच ना आती..
रात से दोस्ती में बरसों की
मैंने ख़ामोशियों को पाया था
ज़हन की कश्मकश में हमसाया
रात के साथ को बनाया था
ख़ैर! ऐसे तो ये सभी की हो
ख़ैर! ये रात कब किसी की हो
इसकी फ़ितरत है ख़यालों को करे बेपर्दा
और हर शख़्स को बेजान सा, ख़ाली करदे
रही ये धुँध ,तो इससे तो मुझको इश्क़ सा है
इसको घंटों पिया है सर्दियों की शामों में
आज नम है बहुत तो साँस में घुलती सी है
जैसे घुलता है नमक गुनगुने से पानी में
गुफ़्तगू में इन्होंने शह् को ढक डाला है
और जलवे दिखा रहे हैं जैसे अय्यारी
हो न हो, आशनाई लगती है..

मुझी से बेवफ़ाई लगती है..
रात ने धुँध को तारीकियों में ओढ़ा था
और आहिस्तगी से ख़्वाब बुन रही होती
जो मैं दोनों के बीच ना आती..

82. क़यामत..

फ़र्ज़ कीजे कि अभी आज क़यामत होगी
और बाक़ी हैं कई काम जो करने थे कभी
बात कहनी है वो जो बात कही भी न गई
बात सुननी है मगर सामने है ख़ामोशी
और उलझन में गुज़ारे हुए लम्हों की कसक
आख़री लम्हे की गुफ़्तार की प्यासी भी है
वक़्त तेज़ी से बदलते हुए इंसा की तरह
हड़बड़ाता दिखे और साँस नहीं ले पाए
फ़िक्र-ए-फ़र्दा की सहूलत न मिले और उसपर
ज़िक्र के वास्ते हासिल भी नहीं हो कोई
हाँ ज़रूरी तो नहीं है कि यही हो जाए
इससे पहले कि जो मुमकिन नहीं है,हो जाए
जो भी कहना हो अभी आज ही में कह दीजे
कि मरासिम में बढ़े वसवसे तो कम कीजे
ये न हो बात हलक़ में ही अटक सी जाए
और क़यामत की घड़ी में किसी की याद आए
कोई क़ासिद नहीं,पैग़ाम न जाए उन तक
याद क्या ख़्वाब में भी नाम न जाए उन तक..

फ़र्ज़ करना- मान लेना
गुफ़्तार- बातचीत
फ़िक्र-ए-फ़र्दा- कल की चिंता
मरासिम- रिश्ते
वसवसे- वहम
क़ासिद- संदेशवाहक

83. शनासाई..

थके ख़ुर्शीद को अक़्सर वो आँखें
हिमायत की नज़र से देखती हैं
शनासाई भी लगती है ज़रा सी
उदासी ताकती है इक उदासी
थका ख़ुर्शीद भी अक़्सर जहाँ को
मुहब्बत की नज़र से देखता है
किसे दिखता है तपता ज़हन, लेकिन
उन आँखों से तजारीब झाँकते हैं
उदासी का सबब वो जानते हैं
ठहर जाने का मतलब जानते हैं
सो अब ये रोज़ का क़िस्सा हुआ है
थका ख़ुर्शीद, आँखों ने छुआ है
थकी पलकों को अक़्सर पैरहन कर
थका ख़ुर्शीद उनमें सो गया है..

ख़ुर्शीद- सूरज
शनासाई- जान-पहचान
तजारीब- तजुर्बे
पैरहन- परिधान

84. तख़य्युल की वुसअतें..

के तख़य्युल की वुसअतें हैं अगर
दूर तक फैलते शजर की तरह
और वीरानियों की शाख़ों पर
चंद पत्ते ख़याल के, गुमसुम
वुसअतों पर सवार हो जाएँ
इससे पहले हवा में खो जाएँ
खींच ले ग़र निगाह तस्वीरें
तो ख़िज़ाँ कल पे मुल्तवी होगी..

तख़य्युल- कल्पना
वुसअतें- फैलाव
शजर- पेड़
ख़िज़ाँ- पतझड़
मुल्तवी- टलना

85. सितारे..

ख़ाक से उठ्ठेगी इक रोज़ ज़मीं-दोज़ हवा
खिड़कियाँ खुलने लगेंगी सभी मीनारों की
ज़ख़्म चुनवा दिए जाएँगे दिवारें गिनकर
रंग ख़ुशबू में हो तब्दील उड़ेगा तुम पर
ख़ुश्क आँखों की नमी लहजे में लौटेगी मगर
नर्म आवाज़ में हल्की सी ख़लिश तो होगी
मुस्कुराने से ज़रा दर्द उभर आया अगर
बज़्म को उज़्र की तफ़्सीर सुना आओगे
फिर भी गुफ़्तार की सरहद पे मिलोगे तो सही
और उम्मीद को तकिए पे सुला, देखना कि
देखते हैं तुम्हें फ़िरदौस में रक्खे तारे
कसमसाते हुए अफ़्सुर्दगी को ओढ़े इधर
उन सितारों की क़सम दर्द से लड़ना है तुम्हें
उन सितारों के लिए जो हैं ज़मीं पर,तुमसे..

ख़ाक- मिट्टी
ज़मीं-दोज़- ज़मीन के नीचे स्थित
उज़्र की तफ़्सीर- बहाने का स्पष्टीकरण
गुफ़्तार- बातचीत
फ़िरदौस- जन्नत
अफ़्सुर्दगी- उदासी

86. इक तिहाई का इश्क़..

है जो कश्कोल-ए-रूह का मालिक
जिसमें बेचैनियाँ हैं सरमाया
उससे कह दो ये कैफ़ियत से कोई
इक तिहाई का इश्क़ कर बैठा
चाँदनी रात ढूँढती है उसे
जिसको ख़ुद का पता नहीं मिलता
मेरी कश्कोल-ए-रूह के मालिक
इसमें दुनिया के रंग तो भर दे
ये न हो ज़हन दिल का हो जाए
इस से पहले कि जिस्म खो जाए
मेरी कश्कोल-ए-रूह के मालिक
मुझको आज़ाद इश्क़ से कर दे..

कश्कोल-ए-रूह- रूह का खाली बर्तन(भिक्षापात्र)
सरमाया- धन-दौलत
कैफ़ियत- अवस्था

87. पानी और बर्फ़..

पानी,
पत्थर होना चाहता था
सो जम गया
नहीं जानता था
कि बर्फ़ टूट सकती है
ज़्यादा आसानी से
बदल सकती है किर्चों में
पानी होता,
तो बहता रह सकता था
सहजता से..
अब बर्फ़ का
फिरसे पानी होना
एक दर्दनाक क्रिया होगी..

अजीब है,
बहना सीखने से पहले ही
पानी को सिखाया जाना
कि बर्फ़ होना,
एक सामाजिक कर्तव्य है..

88. बुद्धिजीवी या इंसान..

मैं,
बुद्धिजीवी होने का
दावा नहीं करती
उत्कृष्ट, निकृष्ट में भेद
वे निकालें
तब तक
मैं भाव के तल से
मोती निकालकर
रख दूँगी हथेली पर..
मोती की जगह पत्थर निकला
तो भी मुस्कुरा दूँगी
इंसान हूँ ना!
इंसान होने का दावा तो
कोई भी कर सकता है..

89. खुदकुशी..

बदलते वक़्त की
ज़िम्मेदारियाँ अलग थीं,
बड़ी थीं..
आँखों की, सच देखना
छल की पर्तें उतारकर
कानों की, सही सुनना
अफ़वाहों को छानकर
ज़बान को ज़हन से चलाना था
ज़हन को सोने न देना था
दिल को
जागने नहीं देना था..
फिर नाज़ुक मिज़ाज कविता के
भावुक कंधों पर आ गई
इनकी सामूहिक ज़िम्मेदारी..

अब दिल के दरवाज़े पर
मुस्तैद खड़े हैं
आँखें, कान, ज़हन, ज़बान

अब कविता कांपकर
दौड़ पड़ी है
रेल की पटरियों की ओर..

90. औरत ज़ात..

तुम्हें सुनते हुए अक्सर
तुम्हारा दर्द छू लेना
इजाज़त के बिना तुम पर
मेरा यूँ हक जता देना
नहीं मंज़ूर हो तो भी
ख़ता मालूम हो तो भी
तुम्हारे साथ काँटों पर
ज़रा चलने में मैं जितनी
तुम्हारे साथ होती हूँ
मैं अपने साथ होती हूँ
तुम्हें सुनते हुए अक्सर
तुम्हारे बाद होती हूँ
के अपनी ज़ात होती हूँ
बस औरत ज़ात होती हूँ..

91. संघर्ष की उपयोगिता..

घर में खटती स्त्री
और बाहर खटती स्त्री में
बस दो ही बातें मिलतीं हैं
स्त्री और खटना!
संघर्षरत को
दिखने चाहिए
दूसरी के संघर्ष भी..

संघर्ष,
जीत हार का विषय नहीं
महानता का परिचायक नहीं
संघर्ष,
संघर्षरत से जुड़ने में,
उसे समझने में,
उपयोगी होना चाहिए..

92. अंदर की जंग..

जंग सरहद पे, हवाओं में या मैदानों की
जंग से और बड़ी जंग तो अंदर की है
ख़ून गिरता है यहाँ जितना वहाँ बहता है
ख़ौफ़ दिखता है मकानों में, मकीनों में भी
लूटता है कोई घर, कोई कफ़न की चादर
ज़िंदगी बिक रही है मौत से महंगी होकर
भीड़ निकली जो कभी भीड़ का चेहरा होकर
फूंक बैठी है नज़र, रस्ते में आँखें खोकर
आँकड़ों पर भी सियासत में बहस जारी है
आपदा वोट बने कैसे ये तैयारी है
और सरहद पे खड़ा कोई वतन का आशिक़
जिसके दिल में है जुनूँ और जबीं पर मिट्टी
जिसने हाथों में शहादत की कली रख दी है
उसको काँटों से सजाकर के वतन दोगे क्या?
रूह से ख़ाली सा मिट्टी का बदन दोगे क्या?
गुल की ख़ुशबू न हो जिसमें वो चमन दोगे क्या?
इससे बेहतर है उसे अम्न-ओ-सदाक़त दे दो
बस ख़िरदमंद रहो, थोड़ी ज़हानत दे दो
हाँ रिफ़ाक़त न सही, थोड़ी शराफ़त के साथ
देश को प्यार करो, देश को इज़्ज़त दे दो..

मकीन- मकान में रहने वाला
जबीं- माथा

अम्न-ओ-सदाक़त- अमन और सच्चाई
ख़िरदमंद- समझदार
ज़हानत- अक्लमंदी
रिफ़ाक़त- रिश्ता

93. सुखन की गली..

किफ़ायत से जीना..सिखाते अगर हम
न यूँ ख़र्च होते, न यूँ ख़र्च होते
ज़ुबाँ पे तसल्ली भी..लाते अगर हम
न यूँ ख़र्च होते, न यूँ ख़र्च होते
के करनी पड़ी ख़ुद से अपनी शिकायत
तख़य्युल से उलझी हुई सी मुहब्बत
वो कहते हैं के काम..आ जाते गर तुम
न यूँ ख़र्च होते, न यूँ ख़र्च होते
वो कहते हैं हँस के दिखाते अगर तुम
न यूँ ख़र्च होते, न यूँ ख़र्च होते
मैं माटी की गुड़िया, मेरा काँच का दिल
है पत्थर की दुनिया, तमाशाई, क़ातिल
हवा की तरह पेश आते अगर हम
न यूँ ख़र्च होते, न यूँ ख़र्च होते
सुख़न की गली ही न जाते अगर हम
न यूँ ख़र्च होते,न यूँ ख़र्च होते..

तख़य्युल- कल्पना
सुख़न- काव्य, शाइरी

94. विलोम..

दुःख का कर्तव्य है
पराकाष्ठा पर पहुँचने से पहले
सहेज कर रखे
छोटी छोटी ख़ुशियाँ..
छोटी ख़ुशियाँ
बन सकती हैं
बड़े दुःख का विलोम..
एक छोटी सी ख़ुशी
खा सकती है
कई
बड़े से बड़े दुःख..

95. बिखराव..

बिखर जाना
तुम्हें अपनी इजाज़त है
मगर पाँव में चुभने वाले
कंकड़ होकर बिखरे,
तो क्या बिखरे..
बिखरो,
तो मोतियों की तरह
यूँ कि तुम्हें बीन कर ले जाने वाले
हताश न हों..
यूँ कि तुम्हारा बिखरना
समेट सके,
दूसरों के बिखराव..

96. सियासत..

अरे ओ वाइज़-ए-नादाँ! ज़रा जागो ज़रा जागो
सियासत दर पे बैठी है, इसे घर में न आने दो
गरेबाँ खींच ले जाएगी गर तुम कान दे दोगे
तुम्हें आपस में लड़वाएगी, तुम एहसान मानोगे

अरे ओ वाइज़-ए-नादाँ! ज़रा सोचो ज़रा सोचो
तुम्हारी भूख में क्या ये तुम्हें खाना खिलाएगी?
तुम्हारे ज़ख़्म भर देगी, तुम्हें मरहम लगाएगी?
उतरकर कुर्सियों से तुम को सीने से लगाएगी?

अरे ओ वाइज़-ए-नादाँ! ज़रा सोचो ज़रा सोचो
किसी मुश्किल से क्या तुमको, सियासत ही बचाएगी?
तुम्हारी बेटियों को नौकरी देगी? पढ़ाएगी?
उन्हें महफ़ूज़ रखने के लिए सड़कों पे आएगी?

अरे ओ वाइज़-ए-नादाँ! सियासत दाव खेलेगी
कोई भी मुद्दआ पकड़ेगी, हाथों हाथ ले लेगी
जहाँ पर आग बुझ सकती है पानी से वहाँ पर ये
हवा बनकर तुम्हारी ज़ात को लपटों में ले लेगी

अरे ओ वाइज़-ए-नादाँ! किताबी जंग से पहले
ज़ुबानी जंग से पहले, अना की जंग से पहले
ख़िरदमंदी से ज़ेहनी जंग अपने साथ भी तो कर

मिटा दे आग की तासीर को बरसात सा होकर

अरे ओ वाइज़-ए-नादाँ! मुहब्बत का महीना है
किसी का ग़म मिटाना है, किसी का रंज पीना है
दिलों को साफ़ कर आओ, किसी को माफ़ कर आओ
ये भारत देश है, इसमें सभी को साथ जीना है

अरे ओ वाइज़-ए-नादाँ, तरक़्क़ी में ही काशी है
अरे ओ वाइज़-ए-नादाँ, तरक़्क़ी ही मदीना है..

वाइज़-ए-नादाँ- नादान उपदेशक
महफ़ूज़- सुरक्षित
मुद्दआ- मुद्दा
ख़िरदमंदी- समझदारी

97. मैं क़िस्सागो नहीं हूँ..

मैं क़िस्सागो नहीं हूँ,
मुझसे अफ़सानों की तुम उम्मीद मत रखना
मुझे कहना है जो उसको कहानी कर न पाऊँगी
मैं कोशिश करके भी सफ़हात सारे भर न पाऊँगी
मैं सच्चाई से सीधी चोट करती हूँ
उसे चाँटे की तेज़ी से तुम्हारी मेज़ पे धर दूँ
तो तुम हैरान मत होना
या पन्ने फाड़ देना या तो नस्लों को थमा देना
कम-अज़-कम वो तो उनसे कुछ न कुछ बेहतर बना लेंगे
हवाओं में उड़ा देंगे
या पानी पर चला देंगे..

क़िस्सागो- कहानी सुनाने वाला
सफ़हात- पन्ने
कम-अज़-कम- कम से कम

98. बग़ावत..

बग़ावत करनी आसान है
बस बेड़ियाँ काटने को
एक तेज़ आरी चाहिए
और काला चश्मा
जिस से आँखों को न दिखें
दूसरी आँखों की लाल-लाल डोरियाँ
और शहद के पानी से निखारी हुई
बुलंद आवाज़..

बग़ावत में पहली और आख़िरी आवाज़
हमेशा दूसरों के लिए उठाई गई है
ख़ुद के लिए तो
क़दम उठाया जाता है..

99. हुरूफ़..

ये कौन सजाता है हुरूफ़
और दिखाए जाता है
कौन सी रंगीन दुनिया के ख़्वाब
हमने तो अब तलक पेचीदगी ही देखी है
हाँ अगर कोई रंग है पेचीदगी का
तो रंग दो सामने वाली नई बनती दीवार
और लिख दो कि नई दुनिया ऐसी है
इसी रंग से रंगने को बनी है

मक़्सूद-ए-तख़्लीक़ साफ़ कर दो
नस्लों को तकलीफ़ कम होगी..

हुरूफ़- शब्द
पेचीदगी- उलझन
मक़्सूद-ए-तख़्लीक़- सृष्टि के सृजन की मंशा
नस्लें- पीढ़ियाँ

100. पागल..

उसकी आँखों में बेक़रारी थी
जाने किस याद की ख़ुमारी थी
ज़हन-ओ-दिल की अलग परेशानी
कैफ़ियत की शिकार पेशानी
वो नज़र रूह तक टहल आई
तिफ़्ल होकर ज़रा बहल आई
मैंने वहशत की आग में जलता
इक शरारा क़रीब से देखा
एक पागल पे अहल हँसने लगे
अहल पर दोनो मुस्कुरा उट्ठे..
कैफ़ियत- अवस्था
पेशानी- माथा
तिफ़्ल- बच्चा
वहशत- पागलपन
शरारा- अंगारा
अहल- लोग

101. स्त्री..

मेरे उगने में
ईश्वर की इच्छा शामिल है
तो मेरा बढ़ने में,
मेरी अपनी दृढ़ता..

मैं ही पौधा हूँ
और मैं ही
मेरे हिस्से की धूप,
पानी,खाद,हवा..

मैं,यानी स्त्री
जिसकी जद्दोजहद की साथी
और साक्षी
सिर्फ़ मैं रहूँगी

मैं, सब जानकर भी अधूरी हूँ
मैं,
सब मानकर कुछ ठान लूँ,
तो पूरी हो जाऊँ..

102. कंधा..

हर कोई रोने के लिए
ढूँढता है दूसरे कंधे
कंधों के पैर नहीं होते
सिर होता है
कंधों के लड़खड़ाते ही
मुँह के बल गिर जाता है रोने वाला
इससे बेहतर तो
कंधा और सिर अपनों का हो
या फिर सिर्फ़ अपना..

103. बीमारी..

पहले पहल ज़रा सोच कर
निकलती थीं बातें
फिर ज़बान से फिसलने लगीं
यूँ कि ज़द में आया हर कोई
औंधे मुँह गिरने लगा
दुनिया को नागवार गुज़री थी
दुनियादारी पर भारी थी
ये, जो सच बोलने की बीमारी थी..

ज़द- निशाना

104. ढलना..

जवानी का ढलना क्या बुरा है
बुरा तो है मन का ढल जाना
बुरा है आँखों का ढलना
बेज़ार झुकी आँखों से
आधा मुस्कुराने की पूरी कोशिश
पूरी नींद की अधूरी कोशिश
आधी रात की पूरी कोशिश
अधूरे ख़यालात
टूटी फूटी नज़्म
बे-बहू ग़ज़ल
बिखरे नुक़्ते
अल्फ़ाज़-ए-बे-मा'नी,
आधे-अधूरे
और पूरी ख़ामोशी..

पूरी तल्ख़ियों, अधूरी झुर्रियों से बंधी
उम्र के ढलने में, क्या ही बुरा है?
बुरा तो है मन का ढल जाना..

105. इशारे..

हाथ के इशारे से
क़िस्मतें बदल देना
फ़ितरतें बदल देना
किस तरह से मुमकिन है?
हाथ के इशारों पर
जानवर चलें भी तो
आदमी नहीं चलते
कैफ़ियत बदलने के
रास्ते नहीं मिलते
रात दिन नहीं ढलते
फूल तक नहीं खिलते..
हाथ के इशारों से
इश्क़-ओ-हिज़्र होते हों,
मोजज़े नहीं होते

कैफ़ियत- हालत
इश्क़-ओ-हिज़्र- मुहब्बत और अलगाव
मोजज़े- चमत्कार

106. ज़िन्दान के तक़ाज़े..

दरअसल सोचने में लाज़िम था
सूरते ख़्वाब का बदल जाना
फिर से इक रात का बदल जाना
सोच पाबंदियों में होती तो
ख़्वाब को बांधना मुनासिब था
और इदराक को जगाना था
गर तख़य्युल पे ज़ोर चलता तो
हर सुबह ज़िंदगी नई होती
फिर क्यूँ दिल थाम कर पड़े रहते
फिर क्यों धड़कन से भागते तेज़-तर?
काश ज़िन्दान के तक़ाज़ों में
फड़फड़ाने की शर्त ना होती..

लाज़िम- उचित, मुनासिब
सूरते ख़्वाब- ख़्वाब की सूरत
इदराक- समझ
तख़य्युल- कल्पना
तेज़-तर- बहुत तेज़
ज़िन्दान- जेल
तक़ाज़े- माँग, दावे

107. फूल सी लड़कियाँ..

फूल सारे के सारे, काँटों को
फ़ौत कर दें, तो ये सही होगा
मार डालें, तो ये सही होगा
एक ही बार में फ़ना कर दें
ऐसी बुनियाद पर टिके रिश्ते
जिसकी मिट्टी में रेंगते कीड़े
रोज़ की जद्दोजहद बन बैठें
हर घड़ी तल्ख़ जिरह जारी हो
इश्क़ जब लग रहा बीमारी हो
इश्क़ के बाद के सफ़र में तब
ख़त्म कर दो बचाई उम्मीदें
बंद हो वापसी के सब रस्ते
शहर जब भूलना मुनासिब हो
शक्ल तक भूलना सही होगा..

सिर्फ़ ज़िद पर उगाए काँटों को
तोड़ देना ज़ियादा बेहतर है
फूल सी लड़कियों के मरने से
रिश्ते मरना ज़ियादा बेहतर है..

फ़ौत- मृत्यु
फ़ना- ख़त्म
जिरह- बहस
मुनासिब- सही

108. मैं..

अना की शक्ल में वाइज़ नहीं हूँ
दिखावे के लिए हाफ़िज़ नहीं हूँ
ये दुनिया जो तमाशा चाहती है
नहीं, मैं वो नहीं, हरगिज़ नहीं हूँ
नफ़ासत हूँ, नज़ाकत हूँ, अदब हूँ
मैं आँखें, होंठ, तिल, आरिज़ नहीं हूँ
पलट कर देखती हूँ रोशनी को
अंधेरा हूँ, मगर लग़्ज़िश नहीं हूँ
दिल-ए-हस्सास को जुंबिश है पर मैं
किसी के पाँव की लर्ज़िश नहीं हूँ
है चाबुक पास में रक्खा हुआ पर
किसी भी हाल में राइज़ नहीं हूँ
न क़िस्मत से ज़ियादा है न कम है
पराए हक पे भी क़ाबिज़ नहीं हूँ
शजर, जो पहला तूफ़ाँ ही गिरा दे
नहीं, मैं इस क़दर आजिज़ नहीं हूँ
तआरुफ़ क्या दे जो कुछ भी नहीं, के
मैं ख़ुद से अब तलक वाक़िफ़ नहीं हूँ..

अना- अहंकार
वाइज़- उपदेशक
हाफ़िज़- दोस्त
नफ़ासत- मृदुलता

नज़ाकत- कोमलता
अदब- तमीज़
आरिज़- गाल
लग़्ज़िश- ग़लती
दिल-ए-हस्सास- भावुक मन
जुंबिश- हलचल
लर्ज़िश- कंपन
राइज़- चाबुक सवार
क़ाबिज़- कब्ज़ा करने वाला
आजिज़- कमज़ोर, हारा हुआ
तआरुफ़- परिचय
वाक़िफ़- परिचित